书山有路勤为径,优质资源伴你行
注册世纪波学院会员,享精品图书增值服务

名师名校系列丛书

新手教师
快速掌控课堂
八环节教学设计

耿俊红·著

电子工业出版社
Publishing House of Electronics Industry
北京·BEIJING

未经许可，不得以任何方式复制或抄袭本书之部分或全部内容。
版权所有，侵权必究。

图书在版编目（CIP）数据

新手教师快速掌控课堂：八环节教学设计 / 耿俊红著. —北京：电子工业出版社，2024.6
（名师名校系列丛书）
ISBN 978-7-121-47929-8

Ⅰ.①新… Ⅱ.①耿… Ⅲ.①教学研究—中学 Ⅳ.①G632.0

中国国家版本馆CIP数据核字（2024）第102417号

责任编辑：刘琳琳
印　　刷：三河市良远印务有限公司
装　　订：三河市良远印务有限公司
出版发行：电子工业出版社
　　　　　北京市海淀区万寿路173信箱　　邮编100036
开　　本：720×1000　1/16　印张：13.75　字数：183千字
版　　次：2024年6月第1版
印　　次：2024年6月第1次印刷
定　　价：65.00元

凡所购买电子工业出版社图书有缺损问题，请向购买书店调换。若书店售缺，请与本社发行部联系，联系及邮购电话：（010）88254888，88258888。
质量投诉请发邮件至zlts@phei.com.cn，盗版侵权举报请发邮件至dbqq@phei.com.cn。
本书咨询联系方式：（010）88254199，sjb@phei.com.cn。

赞誉

不管是古代，还是现代，甚至是未来，事关学校里教师的专业成长，尤其是涉及课堂生活，最为关键的要素无非是"教"与"学"。观点的争鸣、理念的转变、行为的改进、技术的参与，都离不开"教"与"学"之间的纠缠，即是"教"为主，还是"学"为主，是并举还是以其一为中心？耿俊红老师的这本书也许会带给你诸多启示。这是一本从课堂里生长出来的、接地气的书，值得渴望成长的年轻教师阅读。

——李志欣

首都师范大学附属实验学校副校长，特级教师，

《中国教育报》2023年度推动读书十大人物

这是一本关于课堂教学的实用手册，有助于新手教师快速熟悉课堂教学，重视评价，关注学生，提高教学效果，有效达成育人目标。

——高怀举

山东省教育科学研究院教师发展研究中心主任

这是一本凝聚教师成长智慧的著作，耿老师关注学生，了解学生，灵活有序地组织课堂，书中的做法和建议具有很强的实践性和针对性，对于教师提高教育教学水平、实现课堂目标具有重要的指导和借鉴意义。

——李志刚

全国知名教育专家，

青岛市即墨区28中教育集团集团长，28中书记兼校长

耿俊红老师的这本书，与其说是她的教学专著，倒不如说是一名齐鲁名师对杏坛新人的拳拳之心和殷殷大爱。作者通过丰富的实证研究，归纳总结出课堂八环节教学设计模型，立足学生生命成长，聚焦学生素养提升，指向学生终身发展，对端正新手教师"立德树人"的教育观，建立"教为主导，学为主体"的教学观，有着极为重要的意义，值得认真阅读。

——原红

齐鲁名校长，青岛君峰路中学校长、党支部书记

自序

　　教师不仅是一种职业，更是一项事业、一个追求，只要我们用心去做，心中有梦想、有追求，就能实现目标。只要行动，就有收获；只要坚持，就有奇迹。逐梦永远在路上！

　　1999年大学毕业后，我成为一名教师，满怀初为人师的兴奋踏上讲台，面对讲台下闪动的50多双求知的眼睛，我迫切想要把满腹知识传授给他们，然而，"理想太丰满，现实太骨感"，大学所学的专业知识在鲜活的课堂上变得苍白无力，学生一脸茫然，我则手忙脚乱，既无法做到有条理地教授知识，也无法关注学生。初为人师的我，不知所措，后来通过不断地向有经验的教师请教，经过长时间的实践探索，逐渐抓住了课堂环节的要点。在课堂环节的实施中，我掌握了规律和节奏，调动起学生学习的积极性，提高了课堂效率，从一名新手教师成长为一名骨干教师。历经20余年植根课堂，教书育人，我逐渐成长为一名成熟教师。

　　2016年，我进入一所新建学校，这所学校的一切都是新的，包括教师。全校150余名教师中，除面向全国招聘的具有市级以上荣誉称号的优秀教师13人外，其余均为面向社会公开招聘的教师，其中近60%的教师的专业并非教育教学专业，教师平均年龄只有28.2岁。课堂是教师专业成长的主场所，新手教师的专业起步在课堂，一所新建学校给不了新手教师太长时间慢慢成长，教师如果掌控不了课堂，对学生的发展是不利的、不负责的。如何帮助新手教师快速掌控课堂，学校为数不多的"老教师"个个帮带是不可能的，于是包括我在内的"老教师"聚集在一起，总结个人课堂教学实践，阅读有关课堂教学理论著作，分析、学习其他名师名校的经验做法，总结出以学生学习为主、以教师指导为辅、立足培养学生核心素养的"课堂八环节"。新手教师在课堂上熟练灵活使用"课堂八环节"，就能快速掌控课堂，做到关注学生，提高课堂效率。此后，"课堂八环节"的教学在全校新手教师中推广实施，新手教师运用"备、导、思、议、展、评、测、用"组织课堂。通过上课前有目的、有针对性地备课，课堂上指导学生有条不紊地高效学习，新手教师的课堂掌控能力快速提升，课堂灵动高效，教师的教学专业能力提高，学生学习的主动性和积极性高涨，这促使新手教师在职业道路上逐梦启航。

如果有些新手教师面对课堂不知所措，那么请读读本书吧。

本书最大的目的就是让新手教师学会快速掌控课堂，让学生参与到课堂教学中，提高学习效率，这不仅能成就学生，而且能促进教师专业成长。

第一章介绍一所新建学校面临的困境和新手教师的窘况，一群善思者不懈探索，找到了突破口。

第二章阐述"课堂八环节"：八个环节分别是什么？为什么这样设计？怎样实施？本章结合学科课堂教学案例，理论与实践相结合，浅深相宜，阐述"课堂八环节"的设计方法及注意事项，并进行方法总结。

第三章通过展示9个不同学科新手教师的教学案例，为新手教师的专业成长提供启发和借鉴。

第四章分享新手教师的教学心得，展现新手教师的专业成长历程，这能够与读者碰撞，产生共鸣，进而激发新手教师实现专业成长的动力。

总之，本书中介绍的"课堂八环节"并不难，每个新手教师都可以掌握。新手教师通过实践，不断完善，能够看到效果。一位位新手教师依托"课堂八环节"取得了成绩，不断成长，可见，"课堂八环节"非常有效！衷心祝愿新手教师能够快速掌握"课堂八环节"并灵活运用，在成长的道路上越走越顺，越走越宽！

拙作付梓之际，感谢我们这些"老教师"工作过的学校的刘校长、丁校长等各位校长鼓励认可！感谢李丽、赵燕、范明霞、王红等骨干教师，董志敏、韩颖、吴文佳等新入职教师提供的课堂教学案例和分享的学习实践心得！感谢从教20多年来给予我帮助和支持的所有领导、同事、学生！

目录

第一章
一切都是崭新的 / 001

一 一所新建校 / 002

二 一群新教师 / 006

三 一个新思路 / 008

第二章
新手教师必备"课堂八环节" / 014

一 备——做好准备 养成习惯 / 015

二 导——激发兴趣 明确目标 / 020

三 思——独立思考 留给空间 / 027

四 议——合作交流 创设氛围 / 032

五 展——彰显个性 提供舞台 / 037

六 评——解决困惑 给予帮助 / 044

七 测——检验所得 赋予机会 / 051

八 用——学习延伸 扩展天地 / 062

第三章

"课堂八环节"教学设计案例　/ 071

一　语文人教版八年级上册《昆明的雨》教学设计　/ 072

二　数学人教版九年级上册第二十四章第一单元第一课时《圆》教学设计　/ 084

三　英语外研版七年级上册Module8 Unit2 "She often goes to concerts"教学设计　/ 092

四　道德与法治人教版八年级上册《关爱他人》教学设计　/ 103

五　历史部编版八年级上册《中国工农红军长征》教学设计　/ 117

六　地理星球地图版七年级下册《澳大利亚》与《巴西》复习课教学设计　/ 130

七　生物济南版八年级上册《绿色开花植物的一生》复习课教学设计　/ 144

八　物理人教版八年级《光的反射》教学设计　/ 155

九　化学人教版九年级下册《化学肥料》教学设计　/ 164

第四章

向着梦想前进　/ 175

一　绵绵春雨润万物，师心向阳筑成长　/ 176

二　梦在前方，路在脚下　/ 178

三　向着梦想前进　/ 181

四　在职业梦想的道路上前进　/ 183

五　开启逐梦之旅　/ 186

六　沿"161"课堂八环节教学模式学习探索之路向着梦想全速前进　/ 188

七　"161"课堂八环节教学模式的心得体会　/ 192

八　"161"课堂八环节教学模式实践收获　/ 195

结束语

逐光而行——成长的动力　/ 198

第一章 1 一切都是崭新的

朱自清在散文《春》中把春天比喻成刚落地的娃娃,"从头到脚都是新的,他生长着"。新入职教师正如春天,面对崭新的一切,开启了新的成长之路。

一　一所新建校

德州市德城区明诚学校是德城区委、区政府自2013年筹备，于2015年6月正式开工建设的德城区第一所九年一贯制学校，位于城区东南部，华孚路以南、新园路以西，占地120亩，总建筑面积达5.9万平方米，一期建成面积约为4万平方米，设计规模为72个教学班，教职工为218人。学校总投资2.5亿元，由4座教学楼和1座行政办公楼、1座综合楼组成，行政楼南北向将4座教学楼贯穿。明诚学校的建设标准高、规划理念超前，呈现现代化、网络化特色。学校采用低温空气源热泵制冷取暖，生均占地面积、建筑面积全部达到省定标准。学校建有信息中心、图书室、科学探究室、史地教室、音乐舞蹈教室等专业教室。教室配置85英寸交互Z式液晶平板电视、激光投影仪、视频展台等先进的信息化设备。明诚学校以建设高质量的九年一贯制学校为愿景，努力打造教育高地。办学目标是成为领导满意、社会认可、家长和学生向往的优质学校。

新建的九年一贯制学校的硬件装备比较齐全、先进，在城区学校中处于领先水平，但是新建校也面临诸多困窘。

（一）生源比较差

首先，优质生源流失严重。明诚学校地处城乡接合部，离市区较近，条件稍微好点的家庭的家长会极力创造条件，把孩子送到城区的优质学校就读；再者，部分家长忙于生计，无法照顾孩子，干脆把孩子送进周边的寄宿制学校就读。这种现象导致优质生源流失严重，长此以往不利于学校良性发展。

其次，生源构成比较复杂，学生大致可以分成以下几类：一是来自周边农村家庭的孩子；二是本地打工者和个体经营者的孩子；三是单亲家庭的孩子；四是父母常年在外打工，跟随爷爷奶奶生活的留守孩子；五是外来务工子女。

绝大部分学生的家长平时忙于务农、务工，疏于关注学生的生活和学习，因此，学生无论是在日常行为上还是在学习习惯上都多多少少存在一些问题，具体表现在以下几个方面。有四分之一的学生能够主动学习，学习习惯、基础尚可（当然和城区学校的学生还有一定差距）。有四分之一的学生有求知欲，但是没有好的学习习惯，另外，由于缺乏家长的监督，经常出现"三天打鱼，两天晒网"的现象。由于自身和原来学校教师的原因，剩余的绝大部分学生的基础知识不扎实、漏洞百出。由于现在所学的知识和原来的知识有紧密的联系，他们基本上呈现上课想听却听不懂的状态，因而上课会说话，小动作不断，这样会打扰其他学生正常上课，扰乱课堂秩序。剩余的一小部分学生跟随父母从外地来到德州打工，由于原来使用的教材和现行的教材不一致，他们衔接起来有难度，学起来吃力。后两类学生给教师的教学带来了严重的困扰，如何激发他们的学习兴趣，让他们重拾信心，尽快进入学习状态，快速提升整个学校的教学成绩，被家长和社会认可，促进学校良性发展，是我们迫切需要解决的问题。

（二）学校的管理模式有待进一步完善

成立之初的明诚学校的领导主要来自小学，他们管理小学具有非常丰富的经验，但是对初中教学不甚了解，基本上沿用以前的小学管理模式。从长远来看，这不利于九年一贯制学校发展。初中生和小学生在年龄结构、心理发育、认知水平、思想和行为习惯上都存在很大的差异，探索并制定适合我们学校学情的管理模式是当务之急。但是，当时，教师也是第一次来到一所九年一贯制学校，曾经担任过管理者和班主任的教师凤毛麟角，管理学生的经验比较匮乏，只能仿照其他学校先构建模式，然后再探索，再完善。通常情况下，一所学校被人们关注和认可的往往是教学成绩和升学率。如何快速提升教学成绩、快速被社会和家长认可，是学校面临的问题。校领导深知存在的问题，通过各种途径，让教师外出学习，取长补短，为我所用。天津市北辰区普育学校、石家庄精英中学等都曾留下我们学校的教师的足迹。我们学校的教师深入这些学校的课堂，学习课堂模式，除此之外，在课下和这些学校的教师深入交流有关课堂模式的疑惑和管理经验。回到学校后，校领导和教师牺牲中午休息的时间，共同总结经验，提升自己，完善学校的课堂模式和管理模式，以适应九年一贯制学校的特点。

（三）制度建设有待进一步完善

成立之初的明诚学校还没有完全竣工。当时，学生和教师虽然按时到位了，但是现在来看制度建设是不完美的。当时的各项制度采取统一的标准，优点是便于管理，但是缺点很多。虽然小学和初中的教学要求有很大的相似性，但是也有很大的不同。小学生没有升学压力，教师完成教学任务即可；初中教师既要完成教学任务，又要追求升学率，任务更加艰巨。举个例子来说，中小学的作息制度和一节课的时间都是一样的，最突出的问题体现在上课时间上，初中和小学一节课的时间都是40分钟。对于小学生来说，40分钟刚刚好，对于初中生来说，由于课容量大，40分钟有点儿短。实际上，周边中学一节课的时间为45分钟。一学期下来，我们学校的初中教师在完成教学任务后发现复习时间寥寥，相比周边中学，虽然一节课只少5分钟，但一个学期下来少了很多时间，这些时间可以用来强化学生的弱科，让其充分复习，从而提高成绩。初中教师既要完成教学任务，又要有好的教学成绩，难度可想而知。这就迫使初中教师积极探索高效的课堂模式，向40分钟要效率。

（四）文化建设有待进一步加强

　　成立之初的明诚学校的主体建筑还没有完全竣工，文化建设相当薄弱。校园文化建设是以学生为主体、以校园为主要空间、以校园精神为主要特征的一种群体文化。良好的校园文化建设有三个方面的功能。一是提升师生素质。校园文化可以让生活在校园之中的人时时、处处感受到，师生科学文化素质和思想道德素质不断提升。二是培养情操，增强体质。通过积极开展各种社团活动，在培养学生良好的道德情操的同时，增强他们的体质，这对培养他们的团队精神、合作意识、意志力是不可或缺的手段与方式。三是具有教育性。这对生活在校园中的人起指导、陶冶与规范作用。通过举行文艺会演、运动会、军训、辩论赛、事迹报告等活动营造一种生机勃勃、积极向上的文化氛围。学生置身于这种环境之中，受到这种氛围的熏陶，耳濡目染、潜移默化，久而久之，就会成为有知识、有教养、有进取精神的人。刚刚建立的明诚学校，首先满足了教师、学生的上课之需，解决了硬件问题，但是受到各种条件的限制，校园文化建设暂时被搁置了。这就给后续的教学工作带来了一系列问题，比如，学生上课不能积极投入，没有主动性，没有团队意识，缺乏积极向上的精神，学习氛围不浓等；教职工对学校的认同感和归属感不高。

（五）教师评价制度有待进一步完善

　　在建校之初，中学和小学的教师评价制度是一模一样的，即"一刀切"，并且和课时量、教学成绩等无关。初中教师的工作量大，工作时间长，压力大，更辛苦，这些在教师评价、评优树先、职称评聘等方面都没有体现。这样势必会大大挫伤教师的积极性和工作热情。长此以往就会形成"干多干少一个样、干好干坏一个样、干和不干一个样"的局面，没有人愿意付出，学校教学质量只会越来越差。一个教师最本质的工作就是搞好教学，提升教学成绩。由于学段的不同，学校应当本着公开、公平、公正的原则，构建适合不同学段的教师评价制度，真正把教职工中的优秀分子选出来，发挥其示范带头作用。另外，评优树先时要向一线教师倾斜。

二　一群新教师

成立之初的明诚学校的师资来源主要有四部分：一部分教师是选聘的优秀教师；一部分教师来自985、211及省属重点师范院校；一部分教师是从全区小学教师中选调出来的；大部分教师是参加当年社会公开招聘的新入职教师。新入职教师呈现以下几个特点。

（一）年轻有活力，思维敏捷，接受新生事物能力强

新入职教师基本上是刚刚毕业的大学生和硕士研究生，平均年龄20多岁。他们知识渊博，思维活跃，对新事物、新知识、新技能的接受能力更强，并且具备良好的思想道德素养和心理素质，有广泛的兴趣爱好、稳定的情绪、活泼开朗的个性。他们有正确的教育思想，热爱教育事业，对待教学工作有强烈的责任感和自信心，能熟练运用多媒体手段丰富课堂教学内容。由于和学生年龄接近，与学生的共同话题比较多，学生与他们更容易亲近，他们是容易跟学生打成一片的大哥哥和大姐姐。

（二）谦虚，积极要求上进，能认真听取与接受有经验的教师的指导与建议

年轻教师初入工作岗位，总是带着一种"我来了"的豪气和骄傲。可是，在和年轻教师的相处过程中，我感触更多的是年轻教师的谦虚、质朴、好学和上进。我们在教研组内听评年轻教师讲课的时候，时常能感受到，年轻教师有差距但不气馁，有进步但不沾沾自喜，虚心听取并乐于接受别人的批评和建议，善于学习，善于思考，善于反思，善于总结。

（三）缺乏教学经验

刚入职的年轻教师虽然优点很多，但也有许多不足，缺乏教学经验，在备课、授课、课堂管理等多个方面力不从心，导致课堂掌控能力不足。

1. 备课

刚入职的年轻教师对工作有热情，有干劲，却没有充分地了解学情，没有摸清学生原有的知识基础和知识储备。在备课时，首先，觉得课堂内容既少又简单，高估了学生的原有水平，这样的备课是脱离实际教学的，效果会大打折扣。其次，没有体现重点，没有采用合适的方法突破难点，一节课下来，层次不清晰，学生不知道该重点掌握哪些内容。为了解决上述问题，提高备课效率，使备课更有针对性，就要求发挥教师的集体智慧：同学科教师集体备课，即在规定的时间、地点，由有经验的老教师带领年轻教师充分了解学情，然后在此基础上集体备课，由其他教师补充完善，最后形成统一的备课教案。其他教师可以在集体备课的基础上，根据本班情况进行个性化复备。

2. 授课

年轻教师初登讲台难免紧张，忘词是常有的现象，有时候甚至被个别学生带偏，顺着学生的问题讨论一些与教学内容无关的东西，浪费了不少课堂时间，当再回到课堂教学时会发现无法完成这节课的教学任务，课堂效率可想而知。这节课的教学任务没有完成，必然会挤占下节课的时间，长此以往就会恶性循环。

3. 课堂管理

在平时的教学工作中，经常看到一些年轻教师为不能有效"控制"课堂而烦恼。如果不怎么"控制"，有的课堂表面上看似热闹，实则杂乱无序；有的课堂看上去很平静，实则学生昏昏欲睡；反之，如果"控制"过头了，虽然课堂看起来很有纪律，但可能宛如一潭死水。年轻教师和学生的年龄差距较小，学生喜欢上年轻教师的课，一方面觉得年轻教师更容易亲近，可以和年轻教师做朋友；另一方面觉得年轻教师的课堂要求不是那么严格，可以适当放松。掌控课堂也是一门学问，不是短时间内就可以做到的，年轻教师在课堂管理方面可以把遇到的问题及时记录下来，多向有经验的老教师请教，慢慢积累经验，利用自己的特长，让课堂既活泼又严格有序，使课堂良性发展。对于新教师来说，使课堂管理、教学效果最优化、最大化是一个需要不断学习和摸索的过程。

三 一个新思路

一所新建校面临这样或那样的问题是必然的，然而，新校优势也是显而易见的，学校硬件设施齐全，各项教学设备、功能教室齐全，学习环境、氛围好，便于开展各项活动，有较多新入职的年轻教师，他们学历高，有精力，思维活跃，可塑性强。全面认识新建校的情况后，面对现状唯有静下心来梳理，寻找方法，变劣势为优势，方能实现学校"九年牵手幸福一生"的办学宗旨。

课堂是教师和学生共同成长的场所之一，也是实现办学宗旨的主要途径。我们从课堂观察开始，进入课堂找问题，深入课堂听课后，发现对于部分新手教师的课堂，学生没有学习兴趣，注意力不集中，多数是课堂上的"观光者"，不会参与其中；有一定经验的部分教师对教材把握不准，沿用"填鸭式"的传统授课方式。这样的话，双方在情感和认知上的收获大打折扣，导致学生的厌学情绪重，教师对职业生涯质疑。这些不仅不利于学校发展，而且影响教师发展。

为什么会这样？经验型教师和新手教师的课堂有什么区别？

新手教师是指取得国家规定的教师资格，已经走上教育工作岗位，进入教师队伍，但自身尚处于专业发展的初期阶段的教师群体。经验型教师是指工作多年，课堂有正确理念支撑，对教学内容和教学手段熟悉，能熟练驾驭课堂的教师群体。

在课堂理念上，经验型教师与新手教师在课堂教学方面的根本差异在于，经验型教师的课堂教学是以学生为中心，对学生已有知识和经验进行改造的过程，而新手教师的课堂教学是以教师为中心的知识技能的单向传递过程。

在课堂构成要素上，经验型教师与新手教师在课堂教学方面的差异具体表现为教学环节设计的差异。

在课堂教学手段上，经验型教师的课堂教学是以激励和恰当利用多媒体手段为支持条件，以推进学生思考和探索为根本的教学活动循环与教师角色循环（"主导角色→辅助角色→主导角色"的基本循环）的有机统一。经验型教师的教学手段与目的保持高度统一。

刚刚进入教师队伍的教师需要运用在大学中掌握的理论知识和技能，实现由学生角色向教师角色的转变，以适应教学工作。然而，在现实中，教育理论与教学实践之间存在差距，由于在学科知识、教学方法、学生心理等方面存在不足，他们的教学设计、实施、评价与课堂管理等教学与管理技能不高，这需要一个长期的积累过程。新建校的现实压力迫切需要新手教师快速成长。

从掌控课堂开始，能否寻找一条新的捷径？人本主义和建构主义学习理论可以给我们一定启示。

人本主义的奠基人卡尔·罗杰斯在《自由学习》一书中全面阐述了人本主义心理学"以学生为中心"的教育思想、教学实践和研究成果。

罗杰斯认为，学习"不是将无助的个体牢牢绑在凳子上，再往他们脑子里塞满那些没有实际用处的、得不到结果的、愚蠢的、很快就会被忘记的东西"。真正的学习"就是青少年在源源不断的好奇心的驱使下，不知疲倦地吸收自己听到、看到、读到的一切有意义的东西"。真正在"学"的学生是"从真实生活中有所发现，然后把发现变成自己的财富的人"。我们多么需要这种真正的学习，多么希望看到这种真正的学生啊！

在《自由学习》一书中，罗杰斯指出，出现这种真正的学生、培养这种真正的学生既不容易，也很简单。说它不容易，是因为我们已经习惯教师"灌输"，学生服从，"积习难改"；说它很简单，是因为只要教师以真实的面目与学生互动，将学生作为一个完整的人来珍视、信任和接纳，并能设身处地地为学生着想、感同身受，了解其情绪、情感，就能成为学生自主和自由学习的促进者，教育就能促进学生知行统一，协调发展。换言之，只要教师在与学生互动的过程中营造真诚、尊重和同感的氛围，自由学习就必然会产生，健康的学生自然会出现。人本主义理论给我们极大的启迪和理论支持。

建构主义学习理论是20世纪中期在欧美国家兴起的一种教学理论，它在教学方面提出如下观点。

（1）知识不是被动吸收的，而是由认知主体主动建构的。

（2）知识是不能传递的，教师传递的只是信息，知识必须通过学生的主动建构才能获得。

（3）一节课的效果如何首先应关注学生学得如何，教师教学的有效性如何体现在能否调动学生的学习积极性，能否促进学生对知识的主动建构。

（4）教学过程不仅应包括师生之间的互动，还应包括学生与学生之间的互动。也就是说，知识的获得是学习者、教师和其他学习者之间相互作用的结果。

西南师范大学出版社出版的靳玉乐教授主编的《探究教学论》全面介绍了现代西方教学理论和实践的重要基础之一——探究教学论。它以培养学生的探究素养和探究精神为主旨，强调通过科学方法、科学过程和科学观念进行教育，突出在学习中学会探究，在探究中学会学习。探究教学论不仅有丰富的教育观，也有浓厚的方法论，与之相关的教学模式和教学策略具有极大的指导性。

基于对理论知识的掌握，我们尝试发挥经验型教师的教学认识之优和教学行动之优，建立经验型教师教学基本规范框架，形成基本的教学规范，走模式化的道路，以取得好的教学效果。模式化的优势就是把复杂的问题简单化，把理念的东西实操化，把实操的东西流程化，以便教师掌握和实际操作，更便于新手教师上路。

于是，我们结合我校的实际情况，借鉴其他学校的优秀做法，在校领导的支持与引导下，提炼并总结出以自由学习理论为指导，以实践经验为基点，以学生学习为主、教师指导为辅，立足培养学生核心素养的

"161"课堂八环节模式（简称"课堂八环节"）。

"161"课堂八环节模式包含的内容如下。

第一个"1"是指"备"环节，为正式的课堂教学做好准备，通过"备"，学生可以静下来，并以饱满的精神状态学习。

"6"是指"导"环节——高效课堂的起点，包括导入和导学两部分，以旧知导新知，明确学习目标，以激发学生的学习兴趣；"思"环节——研读深思，自主学习，是学生在教师的指导下，自主学习、独立思考（思考程度越深，记忆程度越深），养成"主动学习"的习惯，真正成为课堂的主人，真正"学会学习"；"议"环节——小组讨论，合作互学，学生把对在"思"这一环节产生的疑惑和同学进行讨论并确定答案，同时为"展"环节做好准备，培养发散性思维；鼓励大胆质疑；培养小组合作精神；汲取组员的智慧，完善、提高自己；"展"环节——踊跃展示所学，根据自学或小组讨论情况，学生以个人身份或代表小组通过口头表述、黑板演示展示学习成果；"评"环节——教师精讲，点拨梳理，教师评导学，进行知识梳理，查漏补缺，让学生掌握重点与难点，点评激励，精讲疑惑，总结规律，归纳方法；"测"环节——学生检测反馈，内化所学，教师检验学生学习效果、学习目标完成度。

第二个"1"是指"用"环节——巩固迁移，学以致用，通过课下进行习题巩固训练，让学生更好地实现从"懂"到"会"，从"会"到"用"。

"161"课堂八环节教学实现了从课堂教学到课堂学习的转型。课堂体现了学生学习的自主性，学生是学习的主体。应尊重学生学习，让学生完成学习的全过程。教师可以指导，但不能包揽。应注重学生的生成性，发挥学生在活动过程中的自主建构和动态生成作用，利用教学的预设性和生成性，使学生的认识和体验不断深化。

"161"课堂八环节教学做到课堂既有规范约束，又有个性张扬。对于"161"课堂八环节教学，"功夫在课前"，新入职的青年教师在骨干教师的带领下进行个人初备、集体初研、个人复备、集体二研，"两备两研"的备课制度逐步形成。每个环节的备课、教研都落到实处，教师在"备"上下功夫，针对每次教研活动都是"带着问题来研讨、带着收获去上课，既能帮带新入职教师，也能融合集体智慧，有效彰显教师的教学魅力"。这样的话，新入职的青年教师可以快速掌控课堂，距离实现学校办学宗旨更进一步。

第二章 新手教师必备"课堂八环节"

课堂教学活动是以教材为媒介，师生交互作用的过程。在教学过程中渐次展开师生活动，随着时间的推移，可以形成一定的教学阶段即教学环节。"课堂八环节"体现出学生学习的"主体性""对话性""协同性"。

一　备——做好准备　养成习惯

（一）是什么

"备"环节是指做好准备。正式上课前3分钟，教师进入教室，提醒学生在教室内尽快坐好，安静下来，并提醒学生迅速准备好上课的物品，教师拿出课本、双色笔、板夹、导学案，同时在多媒体设备或黑板上呈现与课堂内容密切关联的小问题，提醒学生做好上课准备。

（二）为什么

在全面实施素质教育的今天，在传授知识的同时，教师指导学习的方法显得尤为重要。从广义上讲，课堂学习时间包括两部分：课前3分钟和课堂上的45分钟。课前3分钟即180秒是很重要的时间，利用好这段时间有助于学生养成良好的行为习惯，实现良性的动力定型，从而培养他们的效率观念和自觉能动精神。这一环节有利于全面提高学生的学习能力，为实现对课堂上的45分钟即2700秒的"秒秒必争"打下坚实的基础。

如何设计好一节课的课前3分钟以使其真正成为学生展示自己的舞台？我认为教师是关键。课前3分钟并不意味着教师"置身事外"，相反，教师要在这3分钟里扮演不同的角色，其中最重要的是，教师要做一个"好设计师"，使课前3分钟被高效地利用起来。课前3分钟的安排大致如下。

预备铃声响起后，不少学生常常好像没有听到一样，仍然在做自己的事，有的学生在教师办公室问问题，无法及时赶回教室；有的学生聚在一起聊天；有的学生突然想起来要上厕所或接水；有的学生还在赶其他学科的作业或在思考上节课的问题；有的学生的桌子上的物品摆放得乱七八糟，与这节课有关的物品还没有准备好。教师不到教室门口，学生就很难自觉进入上课状态。教师进入教室后，一个学生满头大汗地跑到教室门口，当其推开门喊"报告"时，教室内原本在进行的师生对话被打断……学生迟到不仅使自己无法快速进入状态，而且影响到其他学生。当教师布置看书时，如果学生才开始找课本或资料，而且几分钟后还没有找到；当教师布置做练习时，如果学生没有草稿本；当教师问学生问题时，如果学生的思绪还停留在课间活动里，没有回过神来，只能回答"我还没有想好"等，如此种种，课堂效果怎么可能会好。

加强落实课前准备工作，让学生养成良好的习惯非常重要。铃声就是命令，预备铃声响起后，学生就应立即进入教室，马上回到座位，准备学习用品，同时，不喧哗，以平和心态准备进行课堂学习。

（三）怎么做

上课前怎样把学生的注意力尽快集中到课堂学习上，使学生顺利进入学习状态？在这个环节，各学科教师可以组织"热身活动"，为课堂内容做铺垫，使学生对课堂知识有初步的了解。

1. 初中语文课前3分钟的活动形式

（1）听写上节课常考字词或让学生默写古诗词，进行名著分享，进行新闻播报。这需要教师制定计划表，安排学生准备相关内容。

（2）进行古诗文诵读练习。教师提前一天布置要求背诵的古诗文篇目，给学生充分的诵读时间。第二天，学生展示，教师检查诵读情况，诵读时，学生应做到声音整齐、音调铿锵。这样做的话，学生可以养成良好的诵读习惯，熟练掌握古诗文，积累名句，对学习古诗文感兴趣。

（3）进行演讲练习。教师提前一天确定演讲的主题，给学生充分的搜集与整理材料的时间。第二天，学生演讲，并且相互交流。需要指出的是，教师确定的演讲主题应尽量做到生活化、通俗化。如，"竞争""亲情"等主题比较适合。学生通过演讲可以提高表达能力，清晰地表述自己的观点。同时，搜集与整理材料的过程也是写作的过程，可以积累写作经验与素材。

2. 初中数学课前3分钟的活动形式

初中数学的理论性较强，充分利用课前3分钟可以产生事半功倍的效果。

（1）课前纠错式安排。教师把学生分成若干个小组，针对昨天的作业进行纠错，每个小组确定一个中心发言人（这位学生的当次作业级别被评为"优"），其余学生可以针对自己作业中的错误进行提问以纠错，或者由中心发言人进行提问，大家一起针对问题进行讨论并解决问题。

（2）课前提问式安排。教师提问，学生以个体或集体形式回答，这是最传统的安排，也是比较有效的安排。不过问题要有针对性、关联性，注意旧知识与新知识的衔接。

（3）课前复习、预习式安排。复习可以进一步掌握所学的内容，为学习新知识做铺垫；预习可以提前了解新内容。教师可以针对新知识制作导学案，让学生带着问题预习，思考问题，找到答案，这样可以培养学生的独立自学能力，让其不断探究问题。

（4）课前自测式安排。自测题是与上节课或者本节课有关的常规基础小题，具有针对性。通过营造考试氛围，学生的思维更加活跃，较快进入课堂状态，教师讲解自测题，使学生理解并掌握与自测题有关的知识，为学习新内容做好铺垫。

3. 初中英语课前3分钟的活动形式

（1）进行英文歌曲欣赏。这是在学生学习英语的初始阶段教师常用的一种方式。当学生听到熟悉或喜爱的英文歌曲时，就会注意到英文歌曲，这样既能激发学生学习英语的热情，又能营造英语学习的氛围。

（2）进行英文短剧表演。调查表明，现在的学生很喜欢参与一些展示个性的活动，希望在参加活动的过程中找到快乐并学到知识。英文短剧表演不仅可以为学生提供更多的语言实践机会，而且可以使学生产生良好的学习动机，保持浓厚的学习兴趣，并在表演过程中体验到学习的快乐和生活的丰富多彩。所以，利用英文短剧表演培养学生的学习兴趣的作用远远超过教师向学生传授几个知识点或让学生做几篇阅读理解。表演的内容既可以根据教学内容确定，也可以让学生自由发挥。可以将整个班级划分成若干个小组，鼓励每位学生都积极准备，根据学生的性格特点、英语水平和角色需要，尽可能地合理分配台词。如向水平高一些的学生多分配台词；反之，则少分配台词。这样可以使每位学生都有展示的机会，并提高英语水平。

（3）做英语小游戏。初中学生好动爱玩，乐于接受新奇的、趣味性强的事物，喜欢有挑战性和竞争性的活动，因此，我们可以根据教学需要和学生在英语学习中面临的问题，有目的、有计划、有针对性地做英语小游戏，让学生在丰富多彩的游戏中创造性地运用英语，组织学生参加英语实践活动，激发学生学习英语的乐趣，产生求知欲望。

4. 道德与法治、历史课前3分钟的活动形式

两门学科有很多相通点，对课前3分钟的安排有很多相似处。

教师请两位学生走上讲台，分享课前准备的内容，道德与法治课前3分钟分享的内容以对新闻事件的播报、点评为主，也可以是对名言、故事的感悟等；历史课前3分钟分享的内容以历史小故事为主。学生分享完后，教师进行适当点评。为提高课堂效率，用活45分钟，教师也可以安排学生背诵上节课所学的重点知识。

5. 物理、化学课前3分钟的活动形式

两门学科在课前准备上有很大的相似性。

（1）开展限时背诵。物理和化学是基础性和实用性学科，初中化学的知识点多且零碎，学生需要在学习过程中加强记忆，如物质的名称、俗称、颜色、元素符号、化学式、化学方程式等。竞争是一种激发自我动机的活动形式。课前3分钟让学生以背诵上节课的知识点进行比赛的形式，可以激发学生的兴趣，也可以提高学生的注意力，这样的话，课堂教学的有效性将大大提高。

（2）开展课前3分钟小测。课前3分钟小测有承上启下的作用，使学生对最近学习的基本内容进行反馈，以便教师掌握学生的学习情况，为上好新课做准备。教师安排课前3分钟小测能够检查学生的学习效果，让学生加深对已有知识的记忆，为掌握新知识做好铺垫。

6. 地理、生物课前3分钟的活动形式

采用熟读课本重要段落、回顾上节课的学习内容、学生代表讲解试题、学生解答典型试题、教师展示知识网络图和利用导学案让学生读图识图以及学生在小组内互相检查背诵情况等不同方式，以达到提高教学效率和效果的目的。

（四）注意事项

课前3分钟的活动内容不是一成不变的，教师要根据学生的年龄特征、不同学段的具体情况而定，选择上述活动形式之一即可。

"课前3分钟"活动必须把握好节奏，超时会影响课堂教学；时间过短，无论是展示还是倾听都达不到预期效果，所以，教师在操作过程中要"定时间"，并不折不扣地执行。比如，针对初中语文"课前3分钟"活动内容设计、形式要求过于随意、泛化的情况，要提高有效性，使内容和形式"序列化"，即构建与初中生思维、知识及言语能力发展阶段相适应的初中语文"课前3分钟"活动序列。

总之，要充分利用好课前3分钟，使参与活动的学生变得有活力。在此背景下，教师的课堂教学变得轻松，学生学得快乐，以达到预期的教学效果，同时真正实现新课标下的"让学生主动思考、认真探索、积极投入课堂"的目标，这样既有利于学生掌握知识、完善人格，又有利于教师提高专业水平，也能实现教师的个人价值，在教学过程中取得更大的成功。

二 导——激发兴趣 明确目标

（一）是什么

"导"环节包括导入和导学两部分。

导入：教师以简洁明快的语言（或者通过图片、视频）创设情境，开门见山，激发学生对将要学习的知识的好奇心。

导学：①明确课堂学习目标、重点、难点；②教师对"思"环节的情况进行说明，同时进行方法指导，提出自学的时间、需要学生思考的题目等，学生要聚精会神地听教师的讲解。

（二）为什么

苏霍姆林斯基说："如果教师不想办法使学生产生情绪高昂的智力振奋的内心状态，就急于传授知识，那么这种知识只能使人产生冷漠的态度，而给不动感情的脑力劳动带来疲劳。"实践证明，积极的思维活动是课堂教学成功的关键，富有启发性的导入语可以激发学生进行思维活动的兴趣。教师可以通过导入语使学生探求新知识。教师可以用简洁的语言或相关动作拉开一堂课的序幕，然后进入课堂教学的主体过程。可见，导入是课堂教学的主要环节之一，导入的成与败直接影响课堂的效果。

导入是指课堂教学开始后3~5分钟，教师在进行一项新的教学活动前，本着一定的教学目标，根据教材、学生的具体特点，精心设计一小段导入语，以使学生注意，使学生的思维活动呈现积极的状态。

高效的导入能在有限的教学时间内迅速吸引学生的注意力，激发学生的求知欲和好奇心，从而调动学生学习的积极性，而主动参与教学过程，使课堂效率提高，这为成功教学奠定了良好的基础。导入的核心功能是激发学生的学习动机，使学生产生主动学习的心态。

导入的作用如下。

1. 安定学生学习的情绪

导入常常是课前骚乱与课堂肃静的分界线。学生从课间休息时的游戏打闹到上课铃响后安静下来，需要有一个过渡转换阶段，这就需要发挥导入的作用。机敏的教师善于运用导入语，以自身的风度、清晰的声音、新奇的内容、精彩的语言控制全场，抓住学生心理，让学生的思维尽快回归到课堂脑力思考的起跑线上，从而发挥开场白威慑全局的特有魅力。

2. 吸引学生的注意

教学过程对学生来说是一种心理认识过程，这需要感觉、知觉、记忆、思维、想象等多种心理活动的参与，而注意力是否集中则是这种认识过程能否顺利进行的必要条件和重要保证。巧妙地导入新课，可以起到先声夺人、先声服人的效果，吸引学生的注意，使学生一上课就能把兴奋点转移到课堂上，集中在教学内容上。教师在这样的情况下开始上课，才能"箭无虚发"，句句入耳，点点入地，真正实现"教者轻松愉快，听者心倾神往"。

3. 激发学生学习的兴趣

"兴趣是最好的老师"，它会引导学生步入知识的殿堂，收获喜悦。教育家第斯多惠说："教育成功的艺术就在于使学生对你所教的东西感兴趣。"精彩的导入会使学生如沐春风，如饮甘露，进入一种美妙的境界。在这个过程中，教师风趣幽默的讲解、富有感情的朗诵、漂亮美观的板书、潇洒动人的风姿，一幅美丽的绘画、一首美妙的乐曲都可以吸引学生的注意，激发学生学习新知识的兴趣。

4. 沟通师生情感

良好的导入是师生沟通信息的关键。上课后，教师登台亮相，如果教师的一个眼神、一个动作、一抹笑容、一句话能够一下子博得学生的好感，那么便能取得前往学生心灵的通行证，为教学之间进行信息交流、情绪反馈打开通路、铺平道路，使课堂建立在学生对教师的期待、信赖、尊重、理解的基础上。朴实亲切的导入语会在师生之间搭起一座友谊的桥梁，师生的情感会在这一过程中潜移默化地得到交流和升华。高明的教师总是善于运用独特的开场白来活跃气氛以达到师生心理相容的目的。这种良好的教学氛围既有利于教师"教"，也有利于学生"学"。

5. 明确教学目的

目的性是人类实践活动的根本特性之一，教学有无明确的目的和学生是否明确学习目的是衡量教学成功与否的重要标准。有经验的教师总是在导课过程中让学生预先明确学习目的。当学生的积极性被调动起来、思维处于活跃状态时，教师就要适时地讲明学习的目的和意义，从而激发学生的学习动机，使学生保持旺盛长久的注意力，并自觉地控制和调节自己的学习活动。

6. 启迪学生的思维

富有创意的开讲可以点燃学生思维的火花，开阔学生的视野，增长学生的智慧，使学生善于思考问题，并能培养学生的定向思维。教师有重点地导入新课能使学生的思维迅速定向，集中探索知识的本质，以为进一步学习打好基础。精彩的导入语具有思维的定向性，让学生尽快把握思维中心，围绕教学内容开动思维器官，积极思考，探微寻幽。

7. 确定课堂的基调

高尔基曾说："开头第一句是最难的，好像音乐的定调一样，往往需要好长时间才能找到它。"由导入所奠定的基调将直接显示以下几个方面。

（1）内容定旨。概括并展示全部内容，让学生明确目的要求，这宛如一首乐曲的前奏，可以让学生把握基本旋律。

（2）情感定调。让学生初步接触，受到情绪感染，为全身心地进行情感投入做好准备，并进行酝酿。

（3）语调定格。确立课堂的基调，讲述是解说还是抒情？是奋进还是纤弱？是辩驳还是说明？是绚丽还是朴素？应该以怎样的基调为全课定调？实际上，基调有总体模式。只有实现了内容定旨、情感定调、语调定格，开场白才算充分发挥了效力，整个课堂教学才会井然有序。

在教学实践中，大部分教师在教学设计时已经开始思考"应采用什么方法导入"，但是对课堂教学导入的方式、课堂教学导入的有效性的思考不够，还只是限于复习旧知识，提出新问题，营造课堂氛围，吸引学生的注意，而忽视了"导"环节的其他重要功能。有的教师甚至没有将"导"环节与其他环节有机结合起来，以成为一个整体。通过总结高效的课堂导入的相关策略，为课堂八环节中的"导"环节提供新思路，使"导"环节更加科学化、合理化。

（三）怎么做

导入有以下几种形式。

1. 温故导入法

在教师讲授新知识之前，学生先温习已学过的知识。例如，很多学科的一节课的内容需要用两个课时完成，在进行第二个课时的导入时可以第一课时的内容引入。

2. 衔接导入法

教师从教学知识的整体结构出发，根据同一类型知识的顺序，承上启下，承前启后，导入新课，例如，天津市北辰区普育学校的知识树——单元引入。

3. 设疑导入法

根据课堂要讲授的内容，精心设计有关问题并向学生提出，以引起学生的好奇心和求知欲，使学生的求知欲由潜伏状态转入活跃状态，调动学生学习的积极性、主动性。例如，教师提出一个与重点、难点相关的问题，边讲边分析。

4. 作用导入法

教师在讲课前把所要讲述的知识的作用介绍给学生，以激发学生的学习欲望。例如，对于基础课程的绪论，直接阐明课程的作用。

5. 情境导入法

教师讲课前依据要讲的内容，先用生动的语言、丰富的表情、多样化的动作营造浓厚的情境氛围，激发学生的情感，把学生的感情带入课本所描写的情境中，引发学生的共鸣。例如，对于文科科目，可以先创设一个必要的环境以增强真实感。

6. 铺路导入法

所谓铺路，即根据学习内容，先复习学过的旧知识，再将此化作一个个的铺路石（也有的叫作架桥），然后过渡到新知识的讲解上。例如，把课堂中的新知识用到复习某些旧知识点上。

7. 比较导入法

所谓比较，就是根据新旧知识的联系、相同点，采取类比的方法将新知识导入新课。有的可同类相比，有的可正反相比。

8. 观察导入法

教师在教授新知识前，先让学生观察有关事物。多媒体课程也可以使用这种方法，教师先让学生观看一些图片、实例、模型等，让学生有直观的认识，然后导入课程内容。

9. 实验导入法

教师可以通过实验导入课程内容。例如，在进行理科（物理、化学、生物）课程引入时，教师先完成一个小实验，然后引出课程内容。

10. 作业导入法

教师先根据课程内容和目标，给学生布置一定的作业，以引起学生的注意，当学生经过思考仍做不出来相关题目时便会产生压力，他们急于听老师讲解。另外，教师也可以先布置作业，让学生在听课的过程中找出作业的突破口，教师在讲课过程中不能过多地涉及作业内容，给学生留下思考的余地。

11. 课题导入法

教师直接分析课题，导入课堂内容。这种方法也适用于对绪论的讲述，点明绪论的作用，然后介绍具体内容。

12. 故事导入法

教师选取寓意深刻、幽默轻松的故事，通过讲故事的方法导入。用语言铺陈渲染，做到绘声绘色，是学生喜闻乐见的形式。人文关怀类科目可以使用这种方法，另外，由故事导入也能增强记忆。

13. 目标导入法

教师讲课前先把课堂要完成的教学目标向学生说清楚，以实现学生的配合。

14. 悬念导入法

悬念，即暂时悬而未决的问题，能够引起学生对课堂教学的兴趣，使学生产生一种欲求其明了的状态。教师要善于结合所讲内容，根据教学目标，把所要讲授的问题化为悬念。

15. 游戏导入法

教师在上课时先组织学生做游戏，再导入新知识。这种方法适用于教师外出讲授。这样可以拉近师生的关系，使学生放下心理压力。

16. 诗词导入法

我国是诗词的国度。诗，可以兴，可以恨，可以怨。用诗歌开头，可以增强讲课的韵味和吸引力。用诗词导入的形式可以是引用古今中外现成的名诗、名句，也可以自己编写。与这一方法相关的体现是历年中考重视传统文化方面的内容。

（四）注意事项

1. 时间要短

导入是课堂教学中的一个过渡环节，时间要短，一般控制在5分钟以内，力争用最少的语言迅速而巧妙地缩短师生之间的距离，以及学生与教材间的距离，将学生的注意力集中到探求知识的过程中去。避免长时间的导入占据学生的最佳学习时机，使学生的注意力转移，而无法达到预期目标。

2. 目标明确

导入要目标明确，指向集中，防止面面俱到，冲淡重点目标，应选择与新知识最相关且最需要教授的内容。

3. 水平控制

导入要根据知识更新的难易程度和学生的已有生活经验及知识水平，在学生的"最近发展区"，引导"半生不熟"，产生"跳一跳摘果子"的效应，为学生创设一个主动探索的空间和情境，切忌走向荒诞不经的极端。

4. 情境要生活化

导入情境要生活化，但不能绝对生活化。《义务教育课程方案和课程标准（2022年版）》（以下简称《课程标准》）提出：让学生在生动具体的情境中理解和认识知识。教学长期存在脱离学生实际生活的问题，教学生活化是合理的，对学生是有利的。

由于学生生活经验和知识的局限性，加之生活的复杂化，导入要注意消除负面因素，情境设计要符合学生的实际情况，不能喧宾夺主。

三 思——独立思考 留给空间

（一）是什么

"思"环节是学生在教师精心设计的学习问题的指导下，借助导学案认真看书、独立思考、深入钻研，勾画圈点，分析归纳，并做好记录，进行自主学习。

（二）为什么

在碎片化信息爆炸的当下，在竞争激烈的高阶领域，决胜的关键不仅在于掌握较多的知识，非常勤奋，还在于具备深度思考的能力。在遇到复杂问题时，像剥洋葱一样逐层分析；从被动接受到主动学习，从低成长区跨越到高成长区；让自己冷静下来，才能更容易看清问题的本质。传统的课堂上，教师讲，学生听，教师讲得越多越细，学生掌握知识就越容易，殊不知，这样的循环往复，只会让学生自主学习和获得知识的能力变弱，还容易养成不动脑子的习惯，被动地接受知识，这必然会影响学生的学习效率，对于学生综合能力的提高更是毫无益处。

让学生由被动接受变为主动学习，不再懒散，让思维动起来，就要留给学生空间和时间以进行独立思考和学习，也就是要在课堂上设置"思"环节。这一环节可以让学生在自学的过程中更加明确自己哪些会，哪些不会。这样的话，其在讨论或者听课的过程中就会有重点地讨论、有重点地听，更加集中注意力。学生在思考的过程中会不断产生新的问题、新的见解，也可能质疑教师和同学，甚至可能质疑课本，打破了传统课堂中"唯师是从，唯书是从"的常规，这在一定程度上能激发学生积极主动思考与学习。

"思"环节要求学生自主学习，独立思考，这种学习当然不是学生单纯地看书，而应在教师的步步引导下进行，真正"学会学习"，由浅入深达到以下三个层次的自学目的。

第一个层次：粗读——初步感知基本内容，在大脑中形成浅层痕迹，在不懂的地方做标记。

第二个层次：精读——带着教师提出的问题，再次阅读课本。

①检验初步自学的成果。

②梳理问题，寻找关键词。

③明确自学的疑惑点，并做标记。

第三个层次：通读。

①总结每段的主旨大意，初步形成知识脉络，在大脑中形成深刻的记忆。

②深度感知课本给予的启示。

（三）怎么做

学生在"思"环节进行自主学习，不交流、不讨论、不提问，独立思考，根据教师设置的题目集中注意力，快速浏览课本，对重点地方圈画，在规定时间内完成相应题目，不过度关注一个问题，将不会的题目记下来，为后续的讨论做准备。"思"环节要求学生独立解决问题，培养独立解决问题的能力，在规定时间内完成题目，提高学习效率，避免拖延。

在这个环节要想方设法地让学生深度思考，学生利用"设置的问题"这个抓手，一步步把表层的现象揭开，向问题的实质渗透。在学生深入思考问题的过程中，不可避免地会发散出这样、那样的新问题，这便是新的教学资源。因为这样的资源来自学生，所以更能贴近学生的思维，激发学生的共鸣，将思考的内容向深层次推进。学生对表面现象的兴趣是暂时的，而对问题思考的兴趣却是永久的。当学生养成深度思考的习惯的时候，课堂教学会变得高效。长此下去，不仅有望出现教育家，还有望出现哲学家。任何一代的思想家都不是从天上掉下来的，成果都是在"一个苹果砸在脑袋上"后，通过深度思考取得的。

在此环节，要精心设计相关问题，有效激发学生的求知欲，引发学生深度思考，不断逼近问题的本质。设计问题时需要加深高阶思维内容的含量。

布鲁姆教育目标分类理论把人的认知思维过程从低级到高级分为六个层次，即记忆、理解、应用、分析、评价和创造。低阶思维（Low Order Thinking）是指较低层次的认知水平，主要用于学习事实性知识或完成简单任务的能力；而高阶思维（High Order Thinking）则超越简单的记忆和信息检索，是以高层次认知水平为主的综合能力，关注学生系列能力的发展，如批判性地评价信息的能力、自主学习（自我调节学习）的能力、问题解决的能力、创造性思维的能力、批判性思维的能力、信息素养及协作的能力。

理解认知思维过程的六个层次的相关问题如表2-1所示。

表 2-1　理解认知思维过程的六个层次的相关问题

记忆	找出 ____ 的意思
理解	____ 的主要意思是什么
应用	如果 ____，这些意思会发生什么样的变化
分析	这个内容与 ____ 有哪些相似之处
评价	请你对这个内容的主要观点进行辩护或驳斥
创造	关于这个内容，你还有其他想法吗

在课堂中，"质""量"的多少决定质量的高低（见表2-2）。

表 2-2　低阶思维活动对应的"量"的学习内容和高阶思维活动对应的"质"的学习内容

活动类型	内　　容	
低阶思维活动	认出、记忆、列举、叙述、配对、演算	"量"的学习
高阶思维活动	比较、对照、阐释、分析、联系、运用、创建、批判、凝练、归纳、整合、反思	"质"的学习

在课堂中，教师可以参考以上六个层次对应的问题设置课堂问题，引导学生用低阶思维方式掌握知识，以高阶思维方式处理知识。

在"思"环节，教师要做什么？教师要走下讲台巡视，关注每个学生的自学情况。提醒注意力不集中的学生，制止还在讨论的学生（尽量不要出声，以具体行动提醒或制止），在巡视中用红笔对每组中的一位学生解答的问题进行批阅——重点关注优秀学生（不要出声，以免打扰其他学生自学），在巡视中洞察不同层次学生的困惑，做好记录。确保每个学生精力高度集中，实现高效自学。

当然，在实际的教学中会面临一系列问题。例如，有不学的学生怎么办？每组中学习成绩差的大部分是放弃学习、游离于课堂之外的学生。这时可以采取以下措施。第一，感化教育：教师先进行提醒，亲自示范读哪一部分就能得到答案，对听从建议、认真自学的学生及时进行口头表扬。

第二，小组加分：只要学生在课堂上能认真完成自学部分，老师就要在巡视过程中做好记录，为学生加分，每周进行一次汇总，在全班表扬相关学生。对于学生不会高效自学，教师应该怎么办？①对于学生做不到全神贯注的情况，可以采取利用小组加分、进行激情教育文化建设以充分发掘学生的激情等措施。②对于学生自学方法有问题（如恋战，这会浪费自学时间）的情况，教师需要对其反复强化指导，让其把解决不了的问题用红笔标记，并在规定的时间内完成自学内容。③对于学生对教材大段划线、书写大段学案，不会提取关键词的情况，教师要进行示范，让学生知道红蓝黑不同颜色的笔如何用，如何提取关键词，让学生学会分条解决问题。

（四）注意事项

1. 教师把学生自主学习完全理解为学生自由学习

教师对自主学习环节不能完全放手：教师只是粗略地向学生提出甚至连自己都未曾梳理过的问题，然后便退至"幕后"，不再过问学生的学习情况；若教师没有明确的目标，学生就会盲目地自学，甚至出现教师在学生自学期间解决个别学生提出的问题的情况。在这种状态下学习，学生是不会有太多收获的。

学生的自主学习过程离不开教师的指导。正如专家所说的："恰恰相反，学生的自主学习对教师的要求更高了。"笔者认为，教师不能真正地退至"幕后"，而应适时地出现在学生中间，对学生的自主学习给予学习前目标的"引导"和学习过程中方法的"点拨"，而不是完全放手。因为，教师应该清楚，学生已有的知识和经验毕竟是有限的，他们的自主学习在某些方面需要教师的帮助。

2. 自主学习和独立思考的活动过程与教学目标不符

有的教师在组织学生自主学习和独立思考的时候，经常具有随意性，从教师的主观认识来看，可以用这样几个词语即简单、轻松、省事儿等形容。因此，在从活动设计到实施的整个过程中，若教师始终没有想或者很少去想教学目标，则会呈现一个无目标或偏离教学目标的低效的活动过程。这样既浪费了时间，又对课堂教学无一利处。

四 议——合作交流 创设氛围

（一）是什么

"议"环节是学生针对"思"这一环节产生的疑惑与不解进行小组讨论，互帮互学，解决问题。

（二）为什么

"议"即讨论，是源远流长、延续至今、贯穿古今的教学方法之一。在国外，讨论法教学可以追溯到古希腊时代，例如，苏格拉底提出的"产婆术"通过讨论、问答，甚至辩论的方式，使学生发现已有的认识与现实之间的矛盾，进而不断思考、学习。

在外国，古罗马伟大的教育学家昆体良提出一种观点，"学生可以从相互教学中受益"。夸美纽斯提出这样的观点，"学生可以从被别人教和教别人中得到好处"。

在我国，讨论式教学法贯穿古今，《礼记·学记》中的"独学而无友，则孤陋而寡闻"，以及著名的教育家孔子提出的"三人行，必有我师焉"都体现出古人对讨论交流的重视。20世纪40年代，叶圣陶先生提出

"应提倡用启发、诱导和讨论的方法进行教学"。

在本书中的教学环节,"议"是在教师的指导下,由学生自主发现问题、讨论问题、解决问题,从而获取知识的过程。

"议"环节的设计有以下目的。

1. 提高学生的学习能力和主动学习的意识

"议"有利于促进学生积极主动地学习,培养学生的合作探究精神,促进学生将知识运用到实际生活中,实现教学目标。因此,"议"环节的问题设置要有一定的启发性,能够让学生提升主动学习的能力,凸显学生学习的主体地位,促进学生自主学习,发挥学生学习的主动性,因此,在实际教学中,要让学生通过小组讨论解决问题,学生在"议"环节实现思路正确、思维清晰,通过动脑思考,增强学习的主动意识,对问题进行深入探讨。

2. 提升课堂效率

为达到教学目标,教师利用课堂向学生传递和交换知识、信息,需要师生之间进行有效的沟通。教师借助学生掌握的知识,引导学生能够学习新知识或高层次知识。"议"建立在学生已有的经验的基础上,通过构建情境实现学生对新旧知识的衔接,积极思考、参与,让学生之间通过交流,学习新知识、掌握新技能。

"议"问题的设计要注意新旧知识的衔接。学生在课堂讨论中要提升学习效率。当在学习新知识的过程中学生遇到问题、遇到瓶颈时,应组织学生进行讨论,让学生说出自己的看法,这有利于问题解决。对于学生的讨论,教师进行点拨和指导,这可以极大地提高学生的学习效率,使学习内容更加深刻。

3. 有利于学生提升学科素养

党的十八大和十八届三中全会提出要将立德树人的要求落到实处,进入新时代，教育部提出了"21世纪学生发展核心素养体系"。对于教育教学而言，将立德树人落实到各个学科就是旨在提升学生的学科素养，即提升学生有关学科的基本专业素质，这些素质涉及通过长时间的专业训练所形成的专业思维，这种专业思维可以促使学生积累基础知识，提升基本专业技能，形成专业基本经验。

各学科教师要注意设计的问题应具有启发性，这有利于开展课堂讨论，使学生在有效的课堂讨论中提升自主学习能力、语言表达能力，重点加强学生对学科知识的把握和培养学生对各学科的情感，避免出现"高分低能"的现象，这能够促进学生综合全面发展，进而提升学科素养。

（三）怎么做

"议"的实施过程的相关内容如下。本书以"议"前的准备工作为例进行介绍。

"议"前的设计和准备工作关系到"议"环节能否顺利开展，这是前提和保障。教师在组织课堂"议"环节的过程中要注意不能无目的。这样的话，学生在讨论过程中会出现积极性缺乏、被动性增强的现象。因此，"议"之前师生的准备工作决定课堂讨论能否顺利开展。

1. 教师方面

（1）明确课堂教学目标。教师要根据《课程标准》要求，深入钻研教材，查阅有关资料，明确通过"议"需要达到的教学目标。例如，通过讨论，要解决语文课本中与关键字、词、句、段相关的疑难问题，让学生充分理解课本内容所要表达的中心思想，学生通过对课本内容的学习培养相关素质，掌握相关知识，提高相关能力。

（2）设置合理的"议"题。首先，教师要充分熟悉教材内容，从而精心设计讨论话题。其次，根据教学目标的要求，通过对课本内容的认真分析，找出教学内容的重点、难点以进行讨论。再次，把符合学生需要的，并且相对容易理解和掌握的且有兴趣讨论和有能力讨论的问题作为"议"题。教师选择的"议"题的难易程度要适中。选择的"议"题既要符合学生学习知识的规律，也要有一定的深度和难度。若选择的"议"题只考虑学生的需要，而没有一定的深度和难度，课堂讨论活动就会失去价值。最后，问题要紧密联系实际生活，重视学科的交叉融合。打开学生的思路，增长学生的见识。学生重视学科交叉融合，才能在课堂讨论中有话可说。

例如，针对地理学科，当设计地理环境问题时，学生会想到污染与保护，教师可以以此为基础调动学生参与课堂讨论的兴趣。

（3）预设学生可能提出的问题。教师应该对课堂讨论的全过程做好统筹规划，全面了解课本内容，对学生在课堂讨论中有可能提出的问题进行预设，制定应急措施，做到心中有数，提前干预，避免部分学生提出和讨论与主题相关性不大的问题，避免出现教师无法应对的尴尬局面，确保课堂讨论正常有序实施。

2. 学生方面

（1）做好课前预习。学生学习语文时，课前预习尤为重要。课前预习情况决定学生在课堂上掌握知识的程度。很多初中学生并不重视课前预习，认为课前预习没有必要。或者有些同学进行课前预习时只是粗略地浏览一遍课本内容，不进行深入思考。在课堂上，没有好好进行课前预习的学生往往跟不上教师的节奏，对知识的掌握不牢固。学生在课堂讨论前的准备工作主要是对课本内容及背景材料进行预习，对教师布置的问题进行思考，从而避免在课堂讨论中出现盲目讨论的行为。

（2）拓宽视野，增加知识储备量。在中学生学习相关学科的过程中，拓宽知识视野可谓必不可少。学生增加课外阅读量，一方面能够了解各学科的一些相关知识点，这有助于学生在学习课本中的知识的过程中更加轻松，更加深入地了解课本，为学生参与课堂讨论提供一定的知识储备。另一方面能够提升思维能力，有助于学生在参与课堂讨论的过程中，提高语言组织、表达能力和思维能力，这在一定程度上有利于增强学生参与讨论的自信心和积极性，从而为保障课堂讨论顺利进行提供便利。

（四）注意事项

1. 尊重学生，突出学生的主体地位

教师在讨论过程中应当尽量少讲，把时间留给学生，让学生多讲，尤其是那些成绩较差、平时很少发言的学生。教师要以讨论成员、巡视员的双重身份参与各组讨论，相信学生，鼓励学生，让他们敞开心扉，积极表达自己的观点，让每个学生都有机会发言或者代表小组发言，避免个别优等生搞"一言堂"，以自己的想法代替全组成员的意见。

对于讨论，教师要放手让学生自己去做，不要因为顾虑课堂的"乱"或得不到期望的答案而进行指责、干涉。要特别指出的是，讨论时间的安排要适度，不宜过短或太长，否则，讨论可能偏离主旨，难以达到预期的目标。

2. 充分发挥教师的主导作用

充分发挥教师的主导作用，避免课堂讨论出现偏差，这样既能实现教学目标，又能让学生在相互交流、合作的过程中有所受益。教师要把握好学生讨论的合理时间，切不可为了讨论而讨论，只是盲目地开展此项活动，增加教学环节。如果讨论时间过短，学生没有充分发表意见，就不可能出现思维的碰撞。如果讨论时间过长，学生在完成讨论得出结果后，往往会脱离讨论进行闲聊，而不是对问题进行仔细、深入的分析，这在一定程度上影响了课堂讨论的秩序。

五 展——彰显个性 提供舞台

（一）是什么

"展"环节是根据小组讨论学习的情况，由学生代表小组或以个人身份，通过口头表述、黑板演示，展示学习成果。

（二）为什么

目前，我国大部分中小学课堂教学模式为教师讲授、学生被动接受，主要原因是教师的教学理念滞后，受中高考"指挥棒"的影响，以及受制于传统教学方式的固定思维和畏难情绪，教师的"教"和学生的"学"趋于功利主义。"满堂灌""填鸭式""表演式"等教学模式导致学生的学习是低层次学习，学生学习的兴趣和学习的积极性、内驱力大大减弱，造成课堂低效甚至无效。面临教学的僵硬化和低效化难题，如何训练学生的思维能力，培养学生的必备品格和关键能力，是当前我国基础教育课堂改革的一大课题。

课堂八环节以突出展示学生的思维过程为主要教学环节，有效构建高效的课堂。它重新定位教师和学生的关系，从根本上革新教师的教学方式和学生的学习方式，突出学生在课堂中的主体地位，以培养学生思维的独立性和创新性为根本目标，提升学生的学习品质和学习能力，提高课堂教学的有效性，从而全面提高学校的教学质量。

新课标强调课堂以学生的自主学习为主，改变传统的"填鸭式"教学模式，在课堂上为学生建立平等的、和谐的、轻松的教学环境。新课标赋予学生说话的权利，以展示自己，所以，多种形式的课堂展示就为学生提供了平台。课堂会因学生丰富的展示而精彩，会因浓厚的学习氛围而有趣。在这样的展示过程中，学生会更多地运用所学知识，积极地思考问题，主动查找相关资料，向老师、同学寻求帮助，加强学生之间、师生之间的情感交流，使学生在更加主动、轻松的环境中学习。

学生在课堂上的展示是学生参与课堂的积极表现，是课堂"活"起来的原动力。课堂展示既是学生自学的过程，又是教师引导的过程，是师生的双边活动。在课堂上，教师的职责是正确引导学生展示自己，表达独特的见解，学生要在课堂上敢于展示，会展示。展示的形式多种多样，有口头展示、书面展示、肢体语言展示、小组展示、模型展示、班内展示及自由展示等。学生在课堂展示中可以培养能力，塑造人格，让课堂更加轻松、愉快。

（三）怎么做

1."展"环节的实施

（1）"展"是什么？"展"是高效课堂最重要的环节之一，可以为学生提供发表、呈现、演讲的舞台，调动学生的积极性，帮助学生增强自信心。通过研究儿童心理可以发现，展示欲和表现欲对学生来说非常重要，可以激励他们全身心地学习、讨论、思考。

一般情况下，"展"分为小展示和大展示。小展示在小组内完成，主要展示学生学习的收获与存在的疑难问题，以为之后进行大展示做准备。大展示以小组为单位，学生站在讲台上，以各种形式，大方、自信地表达自己的想法。大展示结束后，各个小组之间将进行辩论、交流、补充等。

从展示方式来看，在宏观方面，课堂展示可以分为静态展示和动态展示两种。静态展示主要是在展示板上展示，一般会与其他展示形式相结合，展示者和非展示者的目光、表情、手势等都是展示的重要内容。动态展示比较灵活，一般分为读、说、演、画、写等几种基本模式。

展示的内容既包括知识层面的，也包括情感层面的。知识层面的内容有学生的疑问、感叹、思考，以及师生之间、学生之间有目的、有价值的对话。情感层面的内容则包括学生的个性、激情与梦想。

在高效课堂建设初期，应该以展示学生的站姿、声音、笑容、激情为主。在展示时，学生需要注意做到站姿挺拔、声音洪亮、自然微笑、激情洋溢等。在小组展示时，成员喊出组名与组训是不可缺少的。

在高效课堂发展时期，展示的内容可以用"传道、授业、解惑"来概括。"传道"指将合作过程中凝聚众人智慧的好方法、好见解与全班学生分享；"授业"指组与组之间、学生之间、师生之间相互借力、相互帮扶、相互历练；"解惑"指教师通过三色笔、展示板等工具，解答学生在学习过程中的疑惑，全面调动学生的视觉、听觉与触觉。

（2）展示的层次与环节。小展示环节主要包括以下三项任务：完成识记内容、安排展示内容、准备质疑内容。大展示主要是为了"集中火力"，解决各小组解决不了的问题。一般来讲，展示分为四个层次，在课堂上交叉使用四个层次，可以产生良好的效果。四个层次分别是：思维的可视化过程、思维的可听化过程、思维的交织过程、思维的提升过程。

思维的可视化过程是学生的板书展示过程。学生在自主学习时，会产生没有标准答案的认知冲突。在认知冲突中，由于每个学生原有认知背景和思维方式的不同，他们产生的冲突也不相同。教师的"一查"就是对学生的自主学习情况进行调查，通过调查，教师能够明确学生出现的典型性错误。分析这些典型性错误，就是高效课堂建设的价值点所在。教师在归纳出典型性认知冲突后，将其交给课代表并有意识地分配展示任务。学生在展示时会将问题暴露在板书中，这就是思维的可视化过程。

在思维的可听化过程中，要给学生"辩解"的机会，尊重学生。如果说板书的内容是僵化的思维，学生的"辩解"则是灵动的思维。学生在充满自信或忐忑的"辩解"中，会重新检视自主学习过程。通过再次思考，很多问题可以"自愈"。其他学生在倾听的过程中可以修正自己的观点，在比较中鉴别，在鉴别中求真。

在思维的交织过程中，认知冲突反映在导学案上就是学生所犯错误的根源。由于在展示之前，学生不知道正确答案，每个学生都可能在自以为答案正确的情况下犯许多错误。因此，每个学生都会维护自己的观点，当把持有两个或多个观点的学生放在一起时，必然会产生冲突，这就是高效课堂的高潮阶段——对抗质疑。此时，课堂上会产生激烈的碰撞，学生不仅会全身心地维护自己或小组的观点，还会在辩论与对抗中学会理性思考问题，学会尊重对方观点。在这个过程中，学生不仅得到了正确的结论，更重要的是，也学会了尊重他人，追求真理。

思维的提升过程是高效课堂展示的高级阶段。但一定要注意，教师只是帮扶者，只要有一个学生能承担"提升"的任务，教师就不应与学生"争锋"。如果学生确实无法突破，教师就应该进行适当的点拨。

（3）展示时教师要做什么？在学生展示时，教师要敏锐、机智，具备在课堂上应付"节外生枝"的本领。教师要对突发情况迅速进行判断：学生的观点是否正确，有无价值；教师要快速反应，想出对策；教师要决定是组织讨论，还是进行简单点拨；教师要明确是让学生继续深入讨论，还是改变话题。教师只有随机应变、因势利导，才能应对自如，促进课堂展示精彩纷呈。

在很多时候，学生进行课堂展示时会面临没有挫折、没有悬念、没有困惑、没有争论的情况。这是因为问题设计得过于细碎，这不利于学生在展示时互动。教师应基于需要展示的问题形成板块与主题，同时要注意问题设计的模糊性，指向不必过于明确，这样才会让学生有进一步进行讨论的余地。

在课堂上，组内研讨和组际交流是很重要的环节，教师应该关注这两个环节，让学生遵守课堂规范，提高展示效率。

在组内研讨环节，教师应该关注学生的学习状态和讨论的声音；关注学生桌面物品的摆放情况；关注"潜能学生"是否有收获；关注研讨的问题是否更具价值；关注研讨过程中学生是否做到充分利用各种学习资源。

在组际交流环节，教师应该观察各组组长能否合理分工，观察板书学生和展示学生能否默契配合，观察中等生和潜能生是否有参与展示的机会，观察学生展示的实际效果，观察优秀学生的监督、质疑、补充、总结、拓展、评价等工作是否积极、及时、合理，观察学生能否提出疑问，能否及时纠错，能否正确回答。

2. 破解"展"难题

（1）展示率不高。教师要加深对小组合作文化内涵的理解。合作不单纯是一种学习方法，更是一种态度、一种内需、一种技能、一种文化。小组划分不是简单地将几个互不相干的人捆绑在一起，而是从性格互补、性别互补、智能互补等方面综合考虑。在展示时，教师要适时"示弱"。教师的"示弱"会调动学生主动尝试与担当的潜力，会让学生改变一切被教师包办的惰性。

（2）教师爱救场。教师一定要明白，自己应该站在学生身后，倾听学生的声音，将学生"推"到全班目光聚集的展示区，让学生自由、快乐、精彩地释放。教师可以尝试跨界教学，即上其他学科的课。如此一来，教师就不得不放弃控制课堂，尽可能地依赖学生，真正从讲授者变为调控者。

（3）精英式展示。高效课堂不能只照顾"精英学生"，而应该让所有学生都享受课堂的快乐。精英式展示的缺点在于：质上过精，量上过少。为了避免精英式展示，教师应该注意课堂中的几个"多元化"：导学案设计多元化，尽量照顾到所有层次的学生，尝试融入声音、画面等元素；小组建设多元化，尽量让小组中的每个成员都参与到课堂学习之中，挖掘他们的潜力，让他们相互帮扶、共同进步；展示形式多元化，鼓励学生积极展示，学生可以读、可以唱、可以演，全面"点燃"课堂气氛；点评质疑多元化，教师多方位、多角度地对展示者进行点评，在涉及展示内容、展示形式等方面时要对潜能学生进行表扬与鼓励。

（4）大班额展示。大班额展示的重点是有效利用时间，提高展示效率，因此，小组交流和组内展示非常重要。在有些大班额的班级，每个小组的人数可能有10~12人，这时可以尝试在小组内建设组中组，这是因为4~6人的交流是最有效的。组中组讨论得出思路和想法后，再在小组内综合整理、交流，最后达成统一意见，完成组内预展。在班级展示时，要避免重复展示和零碎展示。另外，可以将小组分为展示组和评价组，做到各司其职，以保证课堂效率。

3."展"的策略

（1）不同阶段的展示应有所侧重。课堂教学改革阶段不同，展示的侧重点也会有所不同。前期以培养习惯、锻炼胆量为主，讲流程、养习惯，轻内容、重形式；中期尽量实现流程自动化，兼顾展示内容与展示形式；后期主要优化、改造、创新展示流程，重内容、轻形式。

（2）规划展示内容。展示的内容有很多，教师应该让学生明确展示的重点：展示解决问题的过程，展示思考的过程，展示问题解决过程中的经验与感悟，对质疑、批判、否定进行答辩，展示问题的不同解决方法，展示从不同解决方法中获得的启发。

（3）扩大展示范围。应该在常规的组内展示和班级展示基础上增加组间展示和学校展示。组间展示指的是，教师将小组划分成若干个对抗小组，对抗小组之间开展兵对兵、将对将的"一对一"对抗展示。学校展示指的是，学生以班级为单位，在进行大课间或主题活动时，将学习内容以艺术形式呈现出来。

（4）创新展示形式。展示形式有很多种，这里推荐几种新颖有趣的展示形式。

①深层次的多元展示——擂台战。教师将展示环节设计成"擂台战"，确定"擂主"与"挑战者"，一个小组摆擂，其他小组进行挑战。基本的操作流程为：确定一个小组为擂主，其他小组为挑战者；擂主向大家介绍观点，挑战者质疑，擂主解释、答辩；双方在挑战与应战的过程中，不断厘清思路、完善观点。

②省时间的高效展示——访客游戏。教师将小组成员划分为"接待者"与"访问者"两种角色。接待者负责向来访客人介绍本组的成果，并接受他们的提问；访问者负责外出到其他小组学习交流，每个访问者负责访问一个小组，然后回到本组分享访问收获。一般情况下，每个小组有1~2名接待者，其余学生都为访问者。

③更灵活的书面展示——漂流本。各个小组在将本组的学习心得进行整理后，记录在漂流本上，然后将漂流本交给其他小组传阅。传阅时，各个小组都将自己的观点和意见写在漂流本上，当漂流本"物归原主"时，拥有它的小组就可以根据其他小组的观点和意见，完善本组的学习心得。

（5）训练基本规范。教师既要培养学生的各种展示规范，包括语言、体态、板书等基本功，还要让他们养成认真记录、仔细倾听等习惯。

（6）追求展示内涵。在很多时候，学生的精彩展示都只针对某一题目的具体解法，缺少对学科内涵的感悟。这就会造成课堂展示存在"封闭多、开放少""赞扬多、质疑少""形式多、内涵少"的"三多三少"现象。实际上,展示应该从单纯关注展示的教学意义转变为既要关注教学意义,又要关注教育意义。教师应该挖掘、放大、拓展高效课堂的育人价值。当学生在高度聚焦之处展示的时候,其心理会发生明显的变化——其不是一名普通的学生,而是一个主讲人,一个佼佼者,一个脱颖而出的主持人、小领袖、成功者。教师应该培养学生的心胸、气魄、胆量,这是展示环节需要重点关注的地方,也是教师教书育人应该树立的重要目标。

六 评——解决困惑 给予帮助

(一)是什么

"评"环节是在展示结束后,由教师进行精讲,教师将学生在展示中暴露的共性问题及课堂知识进行梳理以形成知识网络,强调易错点或常考点。

(二)为什么

随着新课标的实施,教师在新课设计和教授过程中有很多亮点,如合作学习、自主学习、探究学习等,但往往会将"评"环节一带而过,或忽视不讲,出现"前紧后松"的情况,这样会使课堂教学效果降低很多。课堂教学是一门艺术,懂得适时评述,进行小结更是一门艺术。"编篓编筐,重在收口",良好的"评"设计可以将学生的思维引向高潮,产生画龙点睛、启迪智慧的效果。

"评"是课堂教学中不能缺少的重要一环,不仅可以帮助学生掌握知识和技能,还可以促进学生的认知结构形成、新知识模块建立、解题技能优化和思想方法得以提炼等。尽管"评"对整个课堂教学起着这么重要的作用,但很多教师往往将其看作一个承上启下的程式、一段故事(情境)情节,甚至是一句空洞的套话等。能否恰当地进行"评",并充分发挥小结的作用,是提升课堂教学有效性的一个重要因素。

评即点评精讲。评是精评,是拓展,是点睛,是结论。在"评"环节,主要讲规律、讲思路、讲方法、讲线索、讲框架。通过讲评,一方面,学生能够在有限的时间内,快速建立知识框架,提高学习效率,同时可以查漏补缺,健全知识体系;另一方面,教师既可以发现、解决教学疑难,改进教学方法,又可以提供反馈信息,促进学生学习。

"评"环节的设计有以下目的。

1. "评"环节在课堂教学中具有不可低估的作用

"评"中的课堂小结是课堂教学的一个重要环节,在教学中起着不可忽视的作用,适当的课堂小结可以帮助学生厘清知识结构,掌握内在联系,对促进学生构建知识体系有很大的帮助。

2. "评"环节能够帮助学生整理知识,突出重点,突破难点

在课堂教学中,每一节课都有重点和难点。在讲课的过程中,为了使学生掌握知识,教师要讲授大量与之相关的内容。一节课下来,学生头脑里涌进了大量的零碎信息,这些信息往往是不稳定的、不牢固的,特别是对于新旧知识,学生容易混淆,产生理不顺的现象。因此,教师有必要采取措施帮助学生进行简单的梳理,厘清知识的内在联系,形成系统的知识网络。"评"就是一种高效的方法,通过"评"环节,教师指导学生把新旧知识联系起来,形成知识结构,促进学生内化知识,引领学生透过现象看本质,找到知识的精华所在,这有利于突出重点,突破难点,达到引导学生整

理、复习、巩固所学知识并深化理解的作用，为后续的学习奠定基础。

这样设计既帮助学生厘清了思路，把握了教学重点，又让学生巩固了新知识，强化了记忆。更重要的是，其能促使学生带着问题预习，进入新课之中。这培养了学生的概括总结能力，为学生在下一节课的学习做好过渡和铺垫。

3. "评"环节能够提高学生的注意力，升华学生的思维

当授课结束后，随着下课时间临近，学生的状态由高度集中变为逐渐分散，变得"心不在焉"，因此，教师应适时运用课堂小结实现教学过程的第二次"飞跃"，通过巧设疑问、营造氛围提高学生的注意力，培养学生的思维能力。

4. "评"环节的课堂小结可以提炼思想、承前启后，激发学生的求知欲

知识具有一定的系统性和连贯性，旧知识是新知识的基础，新知识可以为学生的学习做铺垫。在实际学习时，由于时间关系，教师往往只能就课堂内容进行讲解，对其与其他知识之间的联系的讲解较少。有时，学生对课堂内容不能很好地理解，往往死记硬背，或者虽然暂时记住了，却难以长时间记忆。因此，在每节课结束前，教师可以用一点时间适当地进行"评"，把课堂内容与之前讲述的知识进行联系，从而帮助学生更灵活、更深刻地理解所学的知识，丰富自己的知识，并通过归纳小结，把相关知识联系起来，为学习新知识做铺垫。

（三）理论依据

1. 教育学理论

巩固知识和技能的目的不仅是让学生及时巩固所学的知识和技能，也便于教师及时发现教学中的问题，采取相关办法和措施进行弥补。

2. 主体教育理论

把学生当成教育的主体，在教学过程中重视学生的主体地位，培养学生的主体性，是素质教育的要求，是未来社会发展的要求。

3. 新课标的指导思想

《基础教育课程改革纲要（试行）》指出：教师在教学过程中应与学生积极互动、共同发展，要处理好传授知识与培养能力的关系，注重培养学生的独立性和自主性，引导学生质疑、调查、探究，在实践中学习，促使学生在教师指导下主动地、富有个性地学习。

4. 元认知理论

元认知就是对认知的认知，是个体在认识活动中将自己正在进行的认知活动作为意识对象，不断对其进行监视、控制和调节，以迅速达到预定的目标。其实质是人对认知活动的自我意识和自我控制。从元认知角度来考虑，学习不仅是对所学材料的识别、加工和理解的认知过程，也是对认知过程的自我观察、自我评价和自我调节的元认知过程。

（四）怎么做

"评"环节的方法多种多样，教师根据不同的教学内容，采用不同的"评"方法，以激发学生学习的兴趣，起到画龙点睛的作用，产生较好的教学效果。"评"环节的几种常见形式如下。

1. 归纳总结式

归纳总结，是指教师在总结一节课的教学内容时，运用准确、简练的语言，使新知识在学生的大脑中经过"信息编码"而"定格"。针对学生求知欲强、好奇心重等特点，教师在"评"时根据教学内容提出问题，增强学生的问题意识，将所学知识进行归纳、整理并使之系统化。例如，在"连续两问的应用题"结课时，教师可以提出以下问题并归纳总结。

（1）今天我们学习了什么？（答案是：连续两问的应用题。）

（2）"连续两问的应用题"与以前学的应用题有什么不同之处？（答案是：①题中的问题变多了，解答步骤也变多了；②解答时要先解答第一问，然后解答第二问；③解答第二问时，要利用前面计算得出的结果作为条件来列式；④两问都写解答。）

归纳总结可以使学生用准确、简练的语言将课程内容进行概括，帮助学生整理思维，加深对新知识的理解。

2. 启迪思维式

教育心理学指出，所有智力方面的工作都依赖兴趣。托尔斯泰说过，成功的教学所需要的不是强制，而是激发学生的兴趣。兴趣是学生主动学习、积极思考、探求知识的内在动力。那么在"评"环节教学应如何激发学生的学习兴趣？一般有以下几种方式。

（1）设疑，即提出有一定难度的问题，这个问题常常是下节课要探讨的，让学生带着疑问结束一节课的学习，从而激起他们主动探索的兴趣和急于知晓的心理。我们知道，说评书的人常在讲到关键处、精彩处时说一句"欲知后事如何且听下回分解"，留下一个悬念。这时，你会急于知道接下来的情况。"评"环节的情况也是如此，"评"既激发了学生的学习兴趣，又促使学生学会主动探索。

（2）伏笔，即在讲授某一知识时，有意留下一个"尾巴"，让学生感到言而未尽，以激发他们探讨"未尽"内容的好奇心，为今后的教学埋下伏笔。这种"评"是教师在教授课堂知识的同时，通过设疑引出下节课的内容。这种方法可以调动学生学习的积极性。

（3）延伸，由于课堂教学时间有限，想让学生在课堂学习中掌握更多相关知识，教师就要在课前或课后思考与教学内容有关的问题，用激励的语言鼓励学生掌握知识，以便为探求相关领域的奥秘打好基础，将课内知识延伸到课外。方法如下：一是利用"评"向学生推荐一些与教学内容有关的课外读物；二是利用"评"指导学生把所学的知识尽可能地应用于实践，激发学生进行课外学习的兴趣。

3. 分析比较式

教学不仅要"授人以鱼"，还要"授人以渔"。在教学中要引导学生学会比较学习的方法，激发学生从知识的广度和深度加深理解。这样有助于提高学生的分析概括能力，有利于调动学生学习的积极性和主动性，有利于学生的智力发展和思维能力的培养。教师将本节课所授内容和其类似的课的内容进行比较总结，抓住它们的相同点和不同点，使学生区分本节课的内容和其类似的课的内容，加深学生对本节课所学内容的理解。

4. 图表小结式

这种"评"通常是教师通过图或表的方式，归纳、总结当堂课的知识，或者分析其与以前的知识的联系和区别。

5. 交流评价式

以生物学科为例，生物课堂教学应该给学生足够的时间和空间去思考和活动。要让学生有机会畅谈自己对生物这一学科的体验、感受和收获，说出自己的困惑和喜悦，提出建议和见解。

6. 活动激趣式

（1）游戏活动小结。把游戏引入课堂，寓课堂小结于游戏中，可以使学生在轻松愉快的活动中掌握新知识，使学生在新颖有趣的游戏中不仅放松身心，而且巩固所学知识，使枯燥乏味的内容变得十分有趣，极大地增强学生学习的兴趣，达到"课已完，趣犹存"的效果。

（2）竞赛活动小结。比赛能够鼓励人人争先创优，使人人都有上进心，都有自我表现的需求。小学生的这种愿望更加强烈，他们希望获得老师的夸奖、同学的赞赏，喜欢参加比赛，希望自己获胜。

（3）故事活动小结。故事是学生喜闻乐见的一种文艺形式，它之所以吸引人，是因为有一定的情节，使人感兴趣。将它引入课堂会收到好的效果。

（4）口诀式小结。口诀式小结即教师结合教学内容，精心编制口诀，让学生朗读、记忆。这种方法既能激发学生的学习兴趣和热情，又能促进学生牢固记忆知识。

7. 渗透式小结

教师应将有意识的教育寓于无意识的受教育之中，做到在教学时自然、适时、适量地渗透。力求达到"随风潜入夜，润物细无声"的境界。

（五）"评"环节的教学要求

1. 科学准确

"评"最基本的要求是保证科学性、思想性，同整堂课的前几个环节一样，向学生传授科学的文化知识，并结合学科特点进行教育。

2. 目的明确

"评"必须从教材本身出发，结合教学目的和学生的实际情况，具有明确的目的性：或从重点、难点进行提示，或从智力开发、思想教育方面予以引导。

3. 言简意赅

"评"环节教学要做到重点突出、切中要害、画龙点睛、恰到好处。教师要在教学时做到干净利索，语言精练。

4. 富有启发

"评"环节要给学生以启发，以激起学生努力探索的积极性，做到"点而不透、含而不露、意味无穷"。如果把一节课比作"凤头、猪肚、豹尾"，那么"评"环节的教学就应像豹子的尾巴那样强劲有力。

5. 承前启后

知识具有一定的系统性和条理性，往往前一个结论是后一个规律的基础。只有通过适当的方式引导学生将所学内容与新旧知识相联系，学生才能学得活、学得好，才能真正掌握所学内容。因此，在"评"环节，教师应抓住知识之间的内在联系，激疑设悬，让学生在课下自愿探索，起到"课断而思不断""言尽而意不尽"的作用，同时为下一节课做铺垫。

6. 有教育性

小结教学要富有思想性和感染力，使学生在准确掌握知识的同时，受到思想和情感上的陶冶。

总之，利用"评"环节，既可以理顺知识，培养学生的学习能力，又能提高学生的思维品质，使教学环节更完整，学生思路更清晰，从而使课堂教学有一个完美的结局，使教师圆满地完成教学任务。不论哪种方式，教师都要尽力突出主题，纲目分明，同时指出容易模糊和误解之处，使学生理解难点，掌握重点，并在此基础上，适当拓展知识面，在巩固新知识的同时，开拓创造性思维，感到"言已尽而意无穷"，跨越课堂教学和课后休闲的界限，主动去探索。

七 测——检验所得 赋予机会

（一）是什么

"测"环节是指验证学生学习效果、学习目标完成度，查漏补缺。

（二）为什么

"测"是高效课堂教学中必不可少的环节之一，该环节主要以"当堂达标"检测为载体，检测学生是否达到学习目标，由教师组织学生进行反馈，进行自我探究。这是对预设的学习目标进行回归性检测的阶段，涉及检查教学目标的落实情况。

这一环节要达到以下目的。

（1）检测学生是否达到本节课的学习目标，对本节课内容是否理解和吸收，让学生明确存在的问题，找出知识运用方面存在能力欠缺的地方，做到查漏补缺，在课后及时复习补救，巩固所学知识。同时，这也是一个二次检测的过程，检测问题是否真正得到解决。

（2）对课堂教学效果及时反馈和验收。通过了解学生当堂达标完成情况，能够帮助教师了解学生对本节课所学知识的掌握情况，反思教学中的不足，积极改进教学方式方法。

（3）帮助教师了解练习题的选择是否适合。根据学生当堂检测反馈的情况，教师可以了解练习题的难易程度，及时进行练习题调整。

（4）提高课后作业布置的针对性。在了解学生对知识的掌握情况后，教师可以适当减少掌握情况较好的学生的作业，对掌握情况较差的学生可以专门布置有针对性的训练作业，提高作业的效果。另外，不重复布置作业可以减轻学生的课业负担，给学生留出更多的课余时间。

（5）能够减少学生作业作假的可能性。现在学生学习的辅助性工具很多，教师布置的大部分作业都能在作业帮、猿辅导等App上找到答案，这就导致出现学生的课后作业完成情况良好，但是在真正的课堂测试环节什么都不会、漏洞百出的情况。"当堂达标"训练能帮助教师及时掌握学生对当堂所学知识的掌握、运用情况，以减少"作业做得漂亮，考试一无所知"的情况。

（三）理论依据

1. 有意义学习理论

奥苏贝尔提出了有意义学习理论，认为有意义学习是学习者把已有知识与新知识建立联系的过程，学习者要构建新知识体系。在获取知识的过程中，有意义学习强调学生以原有知识为基础，实现知识内迁，在新知识与旧知识间建立联系，从而将其内化为自身网络系统。高效课堂教学模式恰好体现了有意义学习的宗旨，强调课堂中学生的主体地位，尊重个体间的差异，实现知识内化。

2. 建构主义学习理论

建构主义是关于知识和学习的理论，强调要激发学习者的主动性，认为学习是学习者基于原有经验生成知识、进行理解的过程，要在互动中完成有意义的建构。皮亚杰最早提出建构主义理论，强调"顺应"和"同化"，指出学习者要在学习中主动构建知识，加深对知识的理解。建构主义理论是在学者吸收布鲁纳、皮亚杰等教育思想的基础上提出的具有创新性的思想，强调学习者要主动进行学习和建构。学习分为初级学习和高级学习，在传统教学中，不能盲目地把初级学习教学策略应用到高级学习教学之中，倡导在教学中引导学生进行合作学习、情境学习等。

3. 人本主义学习理论

人本主义学习理论的代表人物是马斯洛和罗杰斯，注重在教学中体现"以人为本"的教学思想，认为在教学中要关注学习者的成长过程，注重人性的发展。在笔者看来，好的教育能够激发学生的学习潜力，从而实现自我价值。人本主义教学观念影响世界范围内的教育工作者，注重教育改革，对我国"新课改"有很大的影响和启发。高效课堂教学模式符合人本主义学习理论，使学生能够获取所学知识，关注个体学习能力发展。

（四）怎么做

对课堂检测的设计要与学习目标相呼应，不能遗漏知识点，要在课堂检测中突出重点、难点，如果缺少与某些知识相关的题目，教师可以编拟或改编。检测要注意层次性，要有一定的思维容量，要有新意。

检测形式主要是在规定时间内的达标检测。不同学科的检测形式不固定。

试题形式一般为落实到当堂检测上，这是最普遍的形式。其中新授课和复习课有一定的区别。新授课的题目不能过多，题量完成时间以5~7分钟为宜，主要针对课程中的重点知识，以让学生进行复习、巩固。下面以几个典型学科为例进行说明。

1. 道德与法治学科

初中道德与法治课的检测题一般包括4~5道选择题，1道分析说明题。如部编版八年级下册《依法行使权利》一课，针对在前面的学习中学生已掌握依法行使权利的界限及维护权利要遵守的程序，根据学生所学内容可以设计以下当堂达标题目。

---

1. 广场舞扰民，业主们以"高音炮"还击告诫我们（　　）。

　①公民行使权利不受任何限制

　②公民在行使权利时要尊重他人权利

　③公民要以合法方式行使权利

　④纯属个人行为，他人无权干涉

A. ①③　　B. ②③　　C. ①②　　D. ③④

2. 下列同学中正确行使了公民权利的是（　　）。

A. 小明在网络上发布同学的私人信息

B. 小军放弃接受义务教育而去外地打工

C. 小海把故意损坏的球鞋退还给商家

D. 小东为自己的发明申请了专利

3. 小李在工地辛苦工作一年，工地负责人竟以种种借口拖欠工资，万般无奈之下，小李用最正规、最权威、最有效的手段讨回工资，该手段是（　　）。

A. 请求劳动争议调解委员会调解

B. 到当地人民法院状告工地负责人

C. 向当地政府有关部门反映问题

D. 通过媒体曝光工地负责人的行为

4. 下列维权方式属于调解的是（　　）。

A. 邻居将张老师家的电动车前车灯撞碎，对此邻居主动道歉并得到了张老师的原谅

B. 河南公共频道的《百姓调解》栏目帮助群众解决了很多矛盾纠纷

C. 李老太太将不赡养自己的儿女告上法庭，法庭在开庭前进行调解

D. 因某包工头拖欠农民工工资，农民工向仲裁机构提出仲裁

5. 自习课上大家都在认真写作业，而叶欣在大声说话，班干部提醒他，他却说："说话是我的权利，你管得着吗？"请分析说明该问题。

2．英语学科

初中英语课的测试题一般为10道填空题。本书以八年级下册重点语法"现在完成时"为例进行介绍。

一、根据汉语提示完成英语句子，每空一词

1. 我们应该参加学校的各种活动。

　　We should＿＿＿＿＿＿all kinds of school activities.

2. 他以卖报纸为生。

　　He makes a living＿＿＿＿＿＿newspapers.

3. 我爷爷现在健康状况非常好。

My grandfather is_____now.

4. 不要总看电视。我们为何不出去打篮球呢？

Don't watch TV all the time._____go out and play basketball?

5. 我们早晨起得太晚了，没能看到日出。

We got up_____late_____the sunrise in the morning.

二、用所给词语的正确形式填空

1. My grandparents_____（live）in that city since ten years ago.

2. —Why won't you go to the movie with me, Gina?

—Because I_____（see）it twice.

3. She_____（borrow）the library book for about two weeks.

4. —Mom, I_____（not visit）the Great Wall in the last two years.

—Well, I will take you there next month.

I_____（stay）in the hotel for a week next month.

当堂达标检测应根据复习内容的多少确定检测的题量，选题要具有针对性、典型性，确保难易适中，同时可以根据学生的学习情况分层设置题目。

3. 生物学科

相关检测题如下。

知识点一：人体的免疫功能

1.（2019.广州）下列属于非特异性的是（　　）。

A. 接种卡介苗和乙肝疫苗

B. 口服脊髓灰质炎疫苗

C. 泪液、唾液的杀菌作用

D. 患过天花的人不再患天花

2.（2020.潍坊）下列选项中属于特异性免疫的是（　　）。

A. 呼吸道黏膜上的纤毛清扫异物

B. 吞噬细胞吞噬病原体

C. 唾液中的溶菌酶杀死病菌

D. 接种乙肝疫苗

3.（2020.滨州）下列有关人体免疫的叙述正确的是（　　）。

A. 皮肤是保卫人体的第三道防线

B. 过敏反应与人体的免疫功能无关

C. 免疫可分为特异性免疫和非特异性免疫

D. 患过天花的人会获得对麻疹病毒的免疫力

知识点二：传染病及其预防

1.（2020.襄阳）下列关于新冠疫情的说法中，正确的是（　　）。

A. 新冠具有传染性和可遗传性

B. 戴口罩可以降低被感染的风险

C. 使用抗生素可杀死新型冠状病毒

D. 无症状感染者不会成为传染源

2.（2020.滨州）某医院接收一位新冠患者后，及时对该病人进行隔离治疗，同时对病人的衣物和饮食用具进行严格的消毒。这两项措施分别属于（　　）。

A. 切断传播途径、保护易感者

B. 保护易感者、切断传播途径

C. 控制传染源、切断传播途径

D. 控制传染源、保护易感者

3.（2020.全国）为了预防某些传染病，需要给儿童或成人注射疫苗，这种措施属于（　　）。

A. 先天性免疫　　　　B. 切断传播途径

C. 控制传染源　　　　D. 保护易感人群

4.（2020.全国）疟疾由侵入人体的疟原虫引起，主要通过蚊子叮咬进行传播。我国科学家屠呦呦研制的青蒿素治疗疟疾的效果显著，将疟疾致死率降低了一半。下面有关说法错误的是（　　）。

A. 隔离并用青蒿素治疗患者属于控制传染源

B. 消灭传染疟疾的蚊子属于切断传播途径

C. 疟原虫是疟疾的传染源

D. 锻炼身体提高免疫力属于保护易感人群

5.（2020.全国）2018年世界防治结核病日主题宣传活动于3月24日在湖北武汉举行，下列有关结核病和艾滋病的说法正确的是（　　）。

A. 结核杆菌是结核病的传染源，艾滋病患者属于病原体

B. 从预防措施来看，加强体育锻炼属于保护易感人群

C. 与艾滋病患者一般接触（如握手等）会使人感染艾滋病

D. 接种卡介苗可以预防结核病，也可以预防艾滋病

中考实战热身

1.（2019.福建）有关人体免疫的叙述错误的是（　　）。

A. 被毒蛇咬伤后注射的抗毒血清是蛇毒的特异性抗体

B. 溶菌酶在第二、第三道防线中都能发挥吞噬作用

C. 患者移植匹配的器官后，需要服用药物降低自身免疫能力

D. 体液中的溶菌酶能破坏病菌的细胞壁进而使其失去活性

2.（2020.上海）5月，某市出现首例输入性中东呼吸综合征病例。中东呼吸综合征是一种由新型冠状病毒引起的呼吸道传染病。下列相关叙述

错误的是（　　）。

　　A. 该病毒由蛋白质外壳和内部的遗传物质组成

　　B. 该病毒只能寄生在活细胞里

　　C. 从免疫学角度来说，该病毒属于抗体

　　D. 对该病人采取隔离措施属于控制传染源

3.（2020.台州）近期，世界上绝大部分国家都出现了新冠疫情，几百万人感染新冠。

（1）从传染病的角度看，新型冠状病毒属于_____，从免疫的角度看，属于_____。

（2）新冠的全球爆发，说明传染病具有_____和_____的特点。

（3）工作人员每天都要对教室进行消毒，从预防传染病的角度分析，这项措施属于_____。

（4）新冠康复者的血浆中含有抗体，可以用于治疗某些新冠重症患者。康复者体内产生抗体的免疫反应属于_____免疫。

（五）测试的形式

1. 测试内容的形式

前两部分主要针对知识点进行巩固练习，每个部分包括4~5道选择题。巩固练习要根据复习的重点进行选题，题量不能过多，选择题以3~5道为宜，如数学等学科的练习题一般为1~2道典型例题。最后部分是针对全部课程所学知识的中考实战练习，该部分的题目选择的主要是中考典型例题，教师可以根据复习内容进行相应的改编。

2. 提问或听写的形式

通过"评"环节，教师对教授的知识进行总结、评析，学生用2~3分钟自主识记重点知识，教师采用口头提问或者听写的方式检查学生的掌握情况，该形式适用于各学科，以对学生掌握知识的情况进行检查。

3. 板演形式

师生共同总结、梳理课堂所学重点知识，在黑板上绘制知识树或思维导图，可以是教师带领学生边总结边绘制，也可以是学生根据对所学知识的理解到黑板上绘制，最后由教师进行相应更正。

4. 竞赛形式

教师根据当堂所学知识选取竞赛题目，在规定时间内评选完成得又快又准确的个人或小组，并可以给予其一定的积分或其他形式的奖励。

5. 辩论形式

在组织辩论时，辩题的选择一定要符合本学科和中学生学情的特点。如学习道德与法治八年级下册《公平正义的价值》时，可以让学生以"生活是不是公平的"为辩题进行辩论，让学生加深对社会追求公平正义的理解，树立法治意识，自觉主动地追求公平正义。

6. 表演形式

表演是让每个学生动起来、让课堂活起来的重要办法，也是检测学生是否掌握所学知识的有效方法。英语、语文、道德与法治、历史等学科都会用到这一教学方式。学生表演时，教师要创设一定的情境，让学生在某种情境中表演，将本节课的内容运用到实际当中，从而达到检测效果。

7. 小演讲形式

演讲主题可以是由教师制定的，也可以让学生自拟，只要围绕知识重点设置即可。学生畅谈学习感悟和收获既加深了对教材的理解，还能锻炼学生的表达能力。

8. 学生设计问题的形式

学生或小组围绕课堂所学重点知识和中考题型设计问题，并制定答案，该形式能够提高学生理解问题、分析问题、解决问题的能力。

9. 其他形式

日常课堂教学还可以使用其他检测形式，以达到让学生练习巩固、查漏补缺的目的即可。

总之，课堂检测的层次要由单一形式转化为多种形式，提高学生学习的积极性和参与度，这就要求我们深入理解课本，检测设计的形式和内容的针对性，检测标准不应过低或过高，也不应只追求形式多样，而忽视内涵，要在内涵上多下功夫，提高其实效。

（六）存在的问题

当堂检测环节存在许多问题，其中特别突出的问题体现在以下几个方面。

1. 对当堂检测环节的理解肤浅

许多教师认为，所谓当堂检测，就是当堂做作业，因而把当堂检测环节简单地看作给学生布置作业，课堂上有时间就让学生做一做，没有时间就让学生在课外完成。

2. 对当堂检测的练习题缺乏设计

许多教师布置的当堂检测题是课本上原封不动的练习题，既不做层次化的处理以适应学生的实际情况，也不在数量上做出必要的调整。

3. 当堂检测的时间安排比较随意

许多教师把当堂检测视为可有可无的环节，在教学时间安排上的随意性很大。通常情况下，课堂教学前面的环节占用的时间少，安排当堂检测的时间就多；如果前面的环节占用的时间多，安排当堂检测的时间就少，甚至取消当堂检测，这会导致当堂检测流于形式。

八 用——学习延伸 扩展天地

（一）是什么

"用"环节是指课外进行习题巩固训练。

（二）为什么

陶行知先生认为，教育具有连锁性：教的法子要根据学的法子，学的法子要根据做的法子，所以"做"是"学"的基础。课堂八环节之一的"用"其实是为了更好地开展高效学习。

艾宾浩斯的遗忘规律告诉我们，大脑在记忆的同时也在遗忘，防止遗忘的办法之一就是及时复习。要使在课堂中获取的知识不被马上遗忘，必须使之不断被强化，强化的方式之一就是做作业。所以，课后布置适量的有针对性的作业是提高教学质量的有效方法之一。

1. 作业是一种有效的管理手段

学生在校的主要任务是"学习"，其中，"习"便属于作业范畴。若"学"而不"时习"之，学生就可能觉得单调的"学"枯燥乏味，变得厌学，甚至辍学；可能因多余的时间不知如何打发而无所事事，变得空闲、懒惰，从而加大了班级、校园和社会管理的难度。若我们能让学生合理、合法、合情地"时习"之，使其有事可为，那么学生可能就不会虚度时光而在"时习"中"不亦乐乎"，在"学"与"习"有规律的自然节奏变换中和谐发展，从而使教学进入有序有效的管理轨道。

2. 作业是教学过程的一个重要环节

不少教师的潜意识里存在一种认识误区，教学过程就是课上45分钟。

正因如此，布置作业及批改作业在他们看来成为可有可无的点缀了。事实上，一个完整的教学过程始于教师备课，经过上课，对小组或个别学生进行辅导，布置作业及批改作业，进行考试及总结等。要真正利用一切因素提高教学质量，在教学环节必须树立整体观念，优化教学过程中的每一个环节。

3. 作业是学生获取知识、形成能力、培养情商的重要方式

学生对所学知识的"时习"和"温故"，是理解、巩固、记忆乃至创新的重要方式。能力的形成依靠学生的亲身体验，要将知识、能力及良好的非智力因素最终融入学生的素质中，作业是一种不可或缺的重要方式。

4. 作业是师生评价、改进"教"和"学"的关系的重要依据

学生的学习目标达成与否、教师的教学目的是否实现可以通过作业完成和批改的情况反馈。教师可以据此评价自己的教学情况，一方面可以总结经验，反思教学内容、策略、方法、手段之不足；另一方面可以加强对学生补偿教学的针对性。学生可以据此评价自己的学习情况，如了解自己的进步情况，坚定学习信心，找出不足。

（三）怎么做

如何设计"用"，涉及如何有效布置作业，让学生进行有效学习。苏霍姆林斯基在《给教师的建议》一书中说："所谓课上得有趣，就是说：学生带着一种高涨、激动的情绪从事学习和思考，对面前所显示的真理感到惊奇和震惊，在学习中意识到自己的智慧和力量，体会到创造的快乐，为人的意志和智慧的伟大而感到骄傲。"然而，有的教师不考虑学生的精力，也不思考作业的实效性，总是留大量的重复性的抄写作业，这既浪费了学生的宝贵时间，又不能帮助学生复习，强化当天所学的重点内容。培养学生自主学习和自我管理能力格外重要，而作业的优化是培养学生

这些能力的有效手段之一。《课程标准》指出："教师要创造各种合作学习的活动，促使学生互相学习、互相帮助，发展合作精神。"因此，针对"用"这一环节，教师应注意以下几点。

1. 布置作业要有趣味性

做作业对于学生巩固知识，培养技能、技巧具有极其重要的意义。布置一些既与当天所学知识有关，又有趣味性的作业，能把教学很好地延伸到课外，使学生对作业的单调印象有所改变。

（1）布置作业要紧密联系生活。教学应努力体现"源自生活，服务生活"的特点。所学知识在生活中的用处很大，教师在平时布置作业时如果能很好地与生活联系起来，那么学生不仅能学以致用，而且更重要的是可以改变对知识的认识；如对于数学，学生之前的"这是一门抽象难懂又没用的学科"的认识可能会改变。

（2）布置作业形式要灵活。长期以来，作业是在课外完成的一两页练习题的方式已成定律。当然，这是一种必要又有效的布置作业的方式。教师也可以做一些改变，增加新的方式，让做作业变得有趣。一些新颖有趣的课外作业不仅可以巩固学生在课堂上学到的知识，培养学习兴趣，还可以从侧面培养学生的非智力能力。

2. 布置作业要有开放性

现实生活中的问题往往存在于比较复杂的、信息不完备的现实情境之中。对问题的解决不仅需要学生具有发现问题、分析问题的能力，而且需要学生具有发散性的思维和创新性的能力。为此，在设计作业时，要将现实性和挑战性相结合，设计以激发学生的创新思维为目的的开放性作业，使学生真正成为一个创新者。

3. 布置作业要有针对性

教师要尽力设计好每次作业。作业设计好了既能巩固学生所学知识，激发学生的学习兴趣，使学生学得轻松，做得愉快，又能通过作业反馈教学效果，使教师了解学生对知识的掌握情况，以收到事半功倍的效果。因此，教师要避免"题海战术"，精心设计每次作业。设计作业时，教师要针对教学内容和学生实际情况进行，不能布置无实效性的作业。布置作业的目的是巩固学生当天所学知识，它们应是拓展、深化知识的基础性作业。学生熟练掌握相关知识，那么做相关练习题必不可少，这些练习题可以是基本题。

4. 布置作业要有层次性

著名教育家朱熹曾说："圣贤施教，各因其材，小以小成，大以大成，无弃人也。"教学是一个双向过程，在此过程中，每个学生都应该获得必需的知识，不同个体在教与学的过程中得到不同的发展。

从教育心理学角度看，对于尊重学生差异性，学生的身心发展受到先天禀赋以及后天诸多因素的影响，存在差异，要想让不同层次的学生都能在完成作业的过程中获得成功的体验，使每个学生在已有的基础和不同的起点得到最优发展，教师就必须采取作业分层的策略，让不同层次的学生自由选择适合自己的练习题，品尝属于他们的"果子"。多元智力理论、发展性理论以及新课标的实施，都要求教师尊重学生的个性，在布置作业时既要关注后进生和中等生，又要关注优秀生。

层次性是指作业内容要由浅入深、由易到难、循序渐进，体现教学内容的层次以适合基础不等、思维能力层次不同的学生。作业分层设置可以让学生自主选择适合自己的题，作业内容不固定的话，会导致"优生"不够吃，"差生"吃不了。给每个学生一个自主选择、协调发展的空间，以让后进生巩固基础知识，中等生强化技能，学有余力的学生优化知识结构。一般情况下，作业分为必做题和选做题。第一层次为基本题，第二层次为应用性习题，第三层次为扩展性习题。

（1）基础类作业针对基础较差、学习有困难的学生设计，作业的题量较少，难度较低，解题方法以模仿性、基础性方法为主，基本上，学生通过教材就可以找到答案。通过练习，学习有困难的学生可以有成就感，真正减轻心理压力，体验学习成功的喜悦。

（2）提高类作业针对基础一般、学习水平中等的学生设计，针对的是大多数学生。作业包括与本节课有关的基础知识和基本技能的训练及其变式，如判断比较题和一般综合题等。通过训练，学生可以掌握本节课的知识点和相关的基本技能，完成学习目标，并通过一定量的思维训练，提高学习能力。

（3）创新探究类作业针对的是学有余力的学生，以综合性、拓展性题目为主，应尽可能安排多个知识点以让学生进行综合练习。这类作业的综合面广、操作灵活、创意性强。这类作业能够达到拓宽学生思路和知识面、培养学生勇于挑战的能力。

5. 作业布置要有实践性

作业与学生的生活实际相结合，能激发学生的兴趣，如身边哪些物体是平行四边形、矩形、菱形、正方形？观察它们的异同点。对于实践性作业，可以让学生亲身经历，在观察、操作、实验等一系列活动中探索知识，解决问题，体验知识产生的过程，培养学生乐于动手、动脑，勤于实践的习惯，以提高学生的实践能力。

6. 作业布置要有系统性

作业是教学生态中的一个子系统，为发挥系统的整体功能，作业的布置必须针对大纲、教材和学生的实际情况，系统地考虑学段、年级、学期、单元和课时的连贯性与一致性。

（四）如何评价学生的"用"

评价学生的"用"的意义即教师通过批改学生的作业做出评价。对学生的作业进行科学、全面的评价，能起到激励教育的作用。因此，作业评价将由对纯知识结果的关注转向对学生生命存在及其发展的整体关怀，作业的评价功能将重在帮助学生发现潜能、认识自我、展示自我，促进学生生命整体的发展。另外，在评价方式上，提倡进行多元评价，淡化单一的、终结性评价，注重作业对学生成长的教育发展功能。

教师批改作业应做到以下几点。

1. 及时性

通过及时反馈（批改）作业，教师可以及时评价教学得失，从而扬长避短，调整教学策略及方法，加强教学的针对性和实效性。当天的作业尽力当天及时批改，无疑会形成教师与学生双赢的局面；若当天的作业不能及时批改，信息得不到及时的反馈，教师可能盲目地教，学生可能敷衍地学，作业的管理、形成、评价等功能就会因此大打折扣甚至丧失。

2. 纠错性

教师批改作业应认真细致，唯有如此，才能得到有益于教和学的反馈信息，纠正教和学中的错误，从而不断改进教和学。实践证明，作业批改只有勾叉和等级而无鼓励性的评语，不但不能激励学生的学习动机，反而会让学生形成敷衍的学习态度，其不良影响是深远的。

3. 全体性

因材施教的原则应贯穿教学过程的每一个环节，作业批改也不例外。但在实践中，不少教师偏爱优等生，这是因为优等生一般比较听话，字迹工整且正确率高，在批改时进行指点即可，教师的心情也很愉快；对于中等生特别是差生，因为其表现一般较差，作业字迹潦草，漏洞百出，教师在批改时感到处处都是"刺"而无批改的兴致，所以对其作业不做过细的评价甚至不批改。长此以往，班上的低层次学生会对学习丧失兴趣。

4. 激励性

尊重每一个学生，尤其是尊重他们的学习成果。在评价时，教师应改变过去那种"区分性评价"为"激励性评价"的观点，对不同性格、不同学习程度的学生写不同的评语，特别是对性格较内向、感情较脆弱的学生，要尽量捕捉其作业中的亮点，给予其鼓励、肯定，让他们树立信心，看到今天比昨天好，相信明天比今天会更好；对进取心较强的但又较容易满足现状的学生，在肯定其成绩的同时，要多指出其存在的问题，向他们施以适当的压力，提出更高的要求。

5. 多元性

我们要改变过去的单一的评价形式而进行多向评价，让学生参与对作业的评价。采用学生自评、小组互评、教师总评等多元多向评价方式，让学生通过这样的评价，及时纠正自己的错误，指出别人的错误，正确评价自己与他人，把评价权交给学生，真正培养学生主动探索的主体意识。同时，可以让家长进入评价系统，请家长对孩子在家中、社会上的表现做出正确客观的评价。总之，通过将主体评价与客体评价有机结合，实现评价多元化、民主化、多层次化，从而让学生在一个充满信心的环境中不断成长。

（五）如何让学生二次去"用"

让学生二次去"用"的意义即经过教师精心设计作业、学生独立完成作业、教师批改作业后，教师后续进行相关处理，以及学生有针对性地去做。在这一环节，要充分发挥小组成员合作的作用。

1. 自我解释

要求学生在每次拿到教师批改过的作业后就作业中的错误进行解释，查找错误的原因，弥补知识漏洞、方法缺陷或态度缺失，并尝试自己去订正。教师可以让学生选择自认为重要的一道错题进行书面解释并交给教师检查，对于其他错题，学生可以口头自我解释，教师只进行抽查。这样既能帮助学生通过解释作业中的错误来培养自身自主学习的意识和能力，又不增加学生的负担，让学生不再是为了完成作业而完成作业，也不再把教师批改的符号和评语不当一回事。因为为了减少自我解释的情况，学生必须在完成作业时保持高度紧张，以认真的态度完成作业，否则其在自我解释中花的时间就会变多。

2. 学生讲评

让学生给学生讲，符合陶行知的"小先生"制，"即知即传人"，以让更多学生受益。同时，这可以营造班级的同伴互助学习氛围，整个班级成为学习共同体，形成互帮互助的班风，这有利于化解"零和"消极竞争带来的同学关系紧张和学习压力过大等问题。一个学生能讲给别人听，说明其掌握知识和运用知识的程度更深，有利于讲题人自身进步。

3. 集体讲评

教师批改了学生针对错题进行的书面解释后，会就作业中出现的普遍错误进行及时的讲评，化解学生内心的困惑，纠正其错误的思维，提供简洁的解题方法和浅显的解释，使学生的学习能力在出错与纠错中得到提高，实现补充作业、深化课堂的目的。

4. 个别指导

教师在集体讲评时不可能顾及每一个学生的错误。课后，教师可以针对个别学生的特殊错误进行个别指导，听听其解释，了解其思维过程。对于学生无法自我解释或在集体讲评后还不懂的地方，教师要给予其及时的启发、点拨，以使其跟上班级的整体水平。

总之，通过有激情、积累性和生活化的教学设计可以构建高效的课堂；通过科学合理布置、及时批改、有效讲评可以让学生有效地做作业；通过双管齐下可以成就高质量的教学。

3 "课堂八环节"教学设计案例 第三章

　　课堂八环节不是"割裂"的，它们之间相互关联。教师通过不断地摸索、拔节设计，引导学生深入理解知识，揭示本质，达成课程目标。案例是教学情境的故事，引导我们一起交流和研讨。

一　语文人教版八年级上册《昆明的雨》教学设计

【教材分析】

《昆明的雨》是八年级语文上册第四单元的一篇散文，第四单元的散文类型多样，或写人记事，或托物言志，或阐发哲理，或写景抒情，展示了丰富多彩的自然景象和社会生活，表达出作者独特的情感体验和深刻的人生感悟。这篇文章是汪曾祺先生的经典散文，是一篇怀旧之作，不仅叙旧事，还述旧情，文章通过"雨"串联起昆明雨季的景、物、事，借写昆明的雨表达作者对过往岁月的想念，对人世间平淡生活的珍爱，体现了作者爱自然、爱生活、爱平民百姓的人文内涵。

【学情分析】

本单元是散文单元，学生已接触几篇经典的散文，对散文有一些基本的了解，散文阅读教学实质上建立了学生已有经验与"这一篇"传达作者独特经验的文章的链接。由于散文是一种文学性体裁，学生要真正深入领悟散文的魅力任重而道远。对于这篇自读课文，教师应重在引导学生学习，力求体现以课文为载体，以方法为引领，以训练为主线，实现以学定教、由教读到真正自读的转变。

【课标要求】

新课标要求对这篇文章的教学遵循散文教学的规律，引导学生理解课文"形散而神聚"的特点，可以让学生通过和其他课文的比较获得新的认识，理解课文语言淡而雅的特点，体会作者的思想情感，理解课文的人文内涵。

【教学目标】

（1）通过朗读课文，体会作者的深厚感情，理解文中展现的风土人情。

（2）品读语段，体会汪曾祺散文"凡人小事，淡而有味"的特点。

（3）掌握以小见大的写作手法，体会散文"形散而神聚"的特点。

【教学重点、难点】

（1）品读语段，体会汪曾祺散文"凡人小事，淡而有味"的特点（重点）。

（2）掌握以小见大的写作手法，体会散文"形散而神聚"的特点（难点）。

【教学方法】

小组合作探究、讲授、多媒体展示。

【板书设计】

17. 昆明的雨

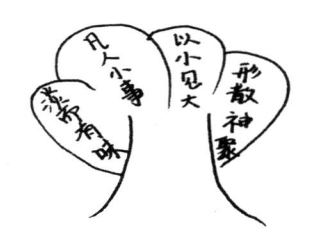

汪曾祺

（板书图：以"凡人小事""淡而有味""以小见大""形散神聚"为枝叶的树形板书）

【教学设计】

（一）"备"环节

学生自读课文。

（二）"导"环节

1. 飞花令导入

教师：雨，是生活中常见的景物，写雨的诗歌不可胜数，写雨的文章不胜枚举。今天咱们就以"雨"为题，行飞花令。同学们，你们都知道哪些写雨的诗句？

教师：看来同学们的诗词储备量十分丰富，你看，同样都是写雨，在不同诗人笔下却有不同的独特体验。今天，我们要学的这篇课文也跟雨有关，请大家齐读课题——《昆明的雨》。

> 设计意图：以飞花令的形式进行导入有利于活跃课堂气氛，增加学生的诗词储备量，由雨这一意象直接引入今天的课题《昆明的雨》，衔接起来自然流畅。

2. 单元知识树分析

本单元是散文单元，共有五篇文章，《背影》是写人记事的散文，《白杨礼赞》是托物言志的散文，《散文两篇》是议论性的散文，《昆明的雨》是写景抒情的散文。

> 设计意图：通过知识树的形式对学生在本单元所学的文章进行整理，有利于学生从宏观上把握这篇文章在单元教学中的意义。

3. 出示教学目标

4. 预习检查：字音、作者

（三）"思"环节

让学生思考问题。

教师：老师根据同学们预习单中的问题归纳汇总了三个问题，请同学们带着问题再次阅读并思考以下问题。

问题一：文章的开头为什么要写给宁坤的画？

问题二：昆明的雨有什么特点？除了写雨，作者还写了哪些物、人和事？

问题三：跳读课文，从第7～9自然段中挑选你喜欢的描写景、物、人、事的语句，反复揣摩其中的韵味。

> 设计意图：根据学生预习单中的问题进行筛选、汇总和升华，提炼出三个主问题以贯穿课堂教学，为后文讲"淡而有味"的语言特色、"以小见大"的写作手法和散文"形散而神聚"的特点做铺垫。8分钟的独立思考时间有利于学生再次充分阅读文章。

（四）"议"环节

（1）对议：涉及导学案中"思"环节提出的问题一、问题二（2分钟）。

（2）组议：花样朗读。

小组合作：从第7～9自然段中选择你最喜欢的部分，深情朗读。在进行朗读展示后，由小组代表分享你们喜欢相关部分的原因。

朗读提示：可自读、领读、齐读、一人一句读，可以自由设计，以体现小组特色。

注意：断句正确，语速合适，关注语气急缓、语调高低、重音选择。

> 设计意图：通过学生两两讨论和小组讨论，发散思维，集思广益，增强团队的协作意识，小组内的花样朗读既考验组长的协调能力，又考验组员的配合能力，进行大量的朗读可以为之后体会汪曾祺的"昆明情结"做铺垫。

（五）"展"环节

教师：很多同学在预习单中提出这样的问题"文章的开头为什么要写给宁坤的画"。

对此，教师明确指出以下内容。

（1）给宁坤的画是昆明雨季特有的现象和产物，突出了昆明多雨的特点。

（2）为下文做铺垫，引起下文"我想念昆明的雨"。

（3）吸引读者，引起读者的阅读兴趣。

教师：同学们，你们看宁坤对画的要求是什么？（答案：要有昆明的特点。）

教师：那么汪曾祺的画中选了哪些景物表现昆明的特点？（答案：倒挂的仙人掌、青头菌、牛肝菌。）

教师：这些景物的共性就是它们的生长期都在雨季，作者的思绪自然而然地就被拉回到那个雨季，进而引出第二自然段——"我想念昆明的雨"。

教师：虽然作者想念昆明的雨，但是作者想念的仅仅是昆明的雨吗？除了写雨，作者还写了哪些物、人和事？[答案：物包括仙人掌、菌子（牛肝菌、青头菌、鸡㙡、干巴菌、鸡油菌）、杨梅、缅桂花。人包括苗族女孩、房东太太及养女、友人。事包括莲花池边酒店里和友人小酌。]

教师：下面哪个小组先来展示你们喜欢的段落？

（预设）品读1：食之味（第7段）

（原句）牛肝菌色如牛肝，滑，嫩，鲜，香，很好吃。
（改句）牛肝菌色如牛肝，滑嫩鲜香，很好吃。
（改句）牛肝菌色如牛肝，滑、嫩、鲜、香，很好吃。

教师：老师对这句话做了如下修改，你看原句好还是改句好？（答案：原句更好，一字一顿。这样的话我们好像能将"滑""嫩""鲜""香"的感受逐一体会，感觉牛肝菌更加美味。）

教师：你说得很好，老师又要变戏法了，又要改句子了，请看大屏幕。你看原句好还是改句好？（答案：还是原句好，原句用的是逗号，逗号和顿号相比起来在读的时候的停顿时间更长久一些，更能给人一种回味的感觉，品味美食的时间更长、更用心。）

教师：同学们，你们看，通过小小的一个标点的停顿，我们就能有垂涎欲滴的感觉。

（预设）品读2：食之味（第7段）

这种东西也能吃？！
这东西这么好吃？！

教师：作者发出感叹的两句话的末尾既有问号又有感叹号，这有什么作用？（答案：突出强调的作用，加强语气。）

教师：其实文中的标点符号也是会说话的！问号与叹号叠用使语言简洁，凸显嫌弃和惊叹的情感。

教师：要是在这两句话之前增加一个感叹词来进一步强调作者的情感，你会分别加什么？

（咦）这种东西也能吃？！
（啊/哇）这东西这么好吃？！

教师：菌子是昆明雨季的美食，而它的色、香、味是属于有生活情趣的汪曾祺的。正因为心中有趣，文字才有味道。

（预设）品读3：情之味（第9段）

教师：有同学提出了这样的问题，对"带着雨珠的缅桂花使我的心软软的，不是怀人，不是思乡"这句话怎么理解？

教师：为什么缅桂花使我的心软软的？真正使我心软的是什么？（答案：人。）

教师：缅桂花与人之间有什么关系？房东太太是怎样的人？（答案：

热情好客、爱花惜花、慷慨纯朴的人。）

教师：你看，这样的房东太太，这样热情友善、慷慨淳朴的昆明人，让"我"一个身处异乡的人备受感动，因此心里感到软软的。这里浓浓的人情味让我无法不思念昆明的雨啊！（再读文段）

教师：文字就有这样的魅力，看似稀松平常、朴实无华，却在每一个字、每一个标点背后都饱含深情，富有深意——淡而有味（板书：淡而有味），平淡而有深意。

> 设计意图：通过让学生进行大量的朗读展示，为体会和理解汪曾祺语言"淡而有味"的特点做铺垫，教师做大量预设，引导学生体会标点在朗读中所起的重要作用，力求通过让学生进行大量的不同形式的朗读，促进学生对文章进行深层解读。

（六）"评"环节

1. 选材特点——凡人小事

教师：班上有谁去过昆明？

教师：昆明是一座美丽的历史文化名城。配图屏显：滇池、官渡古镇、石林、西游洞、金殿。

教师：作者写昆明的雨为什么不写这些著名景点，反而要选取一些小景物、小事情、平凡人？（答案：拾取生活中的琐细事务，娓娓道来，如话家常，平淡自然却饶有趣味，更加贴近生活，令人读起来更觉得亲切。）

教师：这就是汪曾祺在选材方面的特点，选取的都是"凡人小事"（板书：凡人小事）。

2. 散文特点——形散而神聚

教师：同学们，这就是汪老思念着的昆明——绵长的雨季、肥大的仙人掌、美味的菌子、黑红不酸的杨梅、带着雨珠的缅桂花、娇美的苗族女孩、淳朴友善的邻居、与友人闲聊的时光……文章中看似不同的每一景、每一事、每一物的背后都有一根相同的情思将其串联，那就是"我想念昆明的雨"，这就是散文一个非常重要的特点——形散而神聚。

预习单问题："这篇文章是怎样做到形散而神聚"的？

> 设计意图：对于汪曾祺写的散文，看似零零散散的事物却被一根情思串联起来，这就是汪曾祺的"昆明情结"，学生在了解汪曾祺对昆明特有的那份情感之后再读文章就会有不一样的感受。

3. 写作手法——以小见大

教师：同学们，请看屏幕，清代刘熙载说过这样一句话。

> "山之精神写不出，以烟霞写之；
> 春之精神写不出，以草树写之。"

教师：那你能说说你对这句话是怎样理解的吗？

教师：下面，我想问，汪曾祺对雨的想念写不出来的话，可以以什么写之？（自主回答：景、物、人……）

教师：对，用雨季中的景、物、人写之。我们想写抽象的情感却写不出来的时候，可以把一个个具体的事物作为载体，通过以一小部分看整体，或用小事看出大节的写作手法"以小见大"（板书：以小见大）。

预习单问题：文章如何体现以小见大？体会作者的"以小见大"以昭示"凡人小事之美"。

4. 品味悟情：汪曾祺的"昆明情结"

预习单问题：汪曾祺说过"昆明是我的第二故乡"，为什么是第二故乡？

> 助读资料：七载昆明，情思悠悠，汪曾祺在昆明生活了7年，这是他一生中的一个重要时期。在昆明，他不仅接受了良好的高等教育，认识了他的恩师沈从文，结识了许多志同道合的师长和朋友，走上文学创作之路，还结识了后来与他相知相爱相伴一生的施松卿女士。

教师：所以，汪老说"昆明是我的第二故乡"，时隔40多年，他还是忘不了那天的情味，这就是汪老的"昆明情结"，是他与昆明这片土地共同生活的印记。汪老看花鸟虫鱼，看的是人生；谈美食故人，讲的是情怀。平平淡淡的文字里流淌着一种叫作生活的东西，简单而深刻，平淡而有味道。

> 设计意图：在经过大量朗读进行铺垫之后，进入教师点拨阶段，在学生已有认知的基础上让其了解汪曾祺选材的特点和散文"形散而神聚"的特点，学习"以小见大"的写作手法。同时，解决同学们在预习单中提出的疑惑。

（七）"测"环节

【小试牛刀·微写作】

《昆明的雨》微写作

文章中两次写道，"我想念昆明的雨"，以表达作者的想念之情。请将"我想念昆明的雨，就是想念____"补充完整而成为一句富有诗意的话。

我想念昆明的雨，就是想念_____。

我想念昆明的雨，就是想念_____。

我想念昆明的雨，就是想念_____。

> 设计意图：设计微写作环节，将本节课落脚在写作上，最终形成一首小诗。

（八）"用"环节

题目：《昆明的雨》的开头富有新意，以一幅画开头，既引出昆明雨季特有的现象和产物，突出昆明多雨的特点，又吸引读者的阅读兴趣，为下文做铺垫，引起下文"我想念昆明的雨"。请同学们对文章开头进行仿写，为《故乡的雨》写个开头。

拓展阅读：《故乡的食物》《人间草木》散文集。

【教学资源】

（1）《〈昆明的雨〉教学设计》（冯倩如）。

（2）《语文教师散文文本解读能力突破——以汪曾祺〈昆明的雨〉为例》（缪志峰）。

（3）《〈昆明的雨〉教学设计》（高丹丹）。

（4）《〈昆明的雨〉教学设计》（杨美春）。

【教学反思】

《昆明的雨》是一篇散文，是（人教版）八年级语文上册第四单元的一篇课文，本单元的文章或写人，或写景，字里行间都饱含着作者深挚的情感。作者汪曾祺在这篇散文中，用特有的江南小令般的平淡而有味的语言，记下自己青年时代的足迹，倾诉对昆明的雨的喜欢与怀念。

《昆明的雨》这篇课文已经学习了几堂课了，课堂上学生昂扬兴奋的学习状态，文思敏捷、妙笔生花的精彩展示深深地印在了我的脑海中。

语文教学注重对学生听、说、读、写等方面的培养，语文这一学科承担着传承传统文化的使命，语文教师需要教给学生的东西很多，不光是字词句义，更应该培养学生的情怀，让学生做有情怀的人，（尤其是）做有家国情怀的人，爱国爱家。

在教授《昆明的雨》时，教师首次尝试"以学定教、先学后教"的教学理念，在备课时，让学生自主进行预习，完成预习单上的内容。预习单包括三个方面：第一，我学到了什么？第二，通过自学，我可以解决哪些问题？第三，我还有哪些疑问？教师通过对学生的预习单中的问题进行汇总，充分掌握学情，定下教学目标，同时，发现学生的疑问和教学重点、难点并不冲突，甚至大致相同。学生存在的很多问题激发了教师的一些奇思妙想，使教师理解了"教学相长"的含义，在帮助学生成长的同时推动自己发展。教师尝试用一个主线问题贯穿整个课堂,通过读和品两种方式,引导学生通过读体会作者的情感、写作特点和写作手法,从而深化学生对散文这一文体的认识。

汪曾祺的文章语言朴实平淡但"淡而有味",教师让学生精彩地分享体会到的语言的特点,改变对"淡而有味"中的"味"的品位不够的情况。

在教授《昆明的雨》的过程中,教师最意想不到的收获体现在写作方面,其实,学生已经注意到了,并在预习单中提出了相关问题:文章的开头为什么要写宁坤的画?对于这个问题,教师在课堂上解决了,学生在课下反思可以发现,《昆明的雨》这篇文章的开头是一个很好的写作范例,切入点新颖独特,这样一个好的文章切入点要是能让学生落实到写作中,将实现学生作文选材、立意、切入的升华。另外,汪曾祺写作的切入点的巧妙的地方在其他文章中也均有体现,如果课堂上能多加拓展,学生的理解就会更加深刻,其应用起来就会更容易。如果能通过一堂课的讲解激发学生阅读的兴趣或写作的兴趣(哪怕不是全部兴趣,只是部分兴趣甚至是一小部分),就将是不小的收获!

【点评】

在教授《昆明的雨》的过程中,教师紧紧抓住"平淡而有味的语言",上了富有"语文味"的语文课。

首先,教师在课堂上营造出一种轻松愉悦的诗意氛围,让学生如沐春风般地享受美的熏陶。在课堂伊始,教师播放雨滴声,吟诵有关雨的诗句,进而引出课题,交代学习任务。学生沿着教师的思路迅速进入课文的学习中。在整个教学过程中,教师用富含激情的语言点燃学生求知和探究的欲望。学生在教师抑扬顿挫的语调和饱含感情的语言中,通过自主学习、小组讨论、合作交流,积极踊跃地参与问题的探究,大胆地进行展示，加上教师的鼓励和中肯的评价，学生深入地融入课文的意境中，与作者对话，与文本交流，体会作者及文本中的思想感情。

其次，形式多样的"读"贯穿课堂教学之中，让学生感受到汉语的无穷魅力。多样的读书形式能培养学生良好的读书习惯，让他们尽情展示风采，流露真情实感，激发阅读兴趣。课堂充分体现了读的重要性，这包括师生间的诗句对诵，学生自由朗读、齐读、分角色读等。尤其是对于"卖杨梅的都是苗族女孩子，戴一顶小花帽子，穿着扳尖的绣了满帮花的鞋，坐在人家阶石的一角，不时吆唤一声：'卖杨梅……'声音娇娇的。她们的声音使得昆明雨季的空气更加柔和了"中的"卖杨梅……"的吆唤声，教师耐心地引导学生进行惟妙惟肖的模仿，让学生领会到有声的语言的魅力。伴随着这种"语文味"十足的朗读，配上多媒体设备中的画面和优美的音乐，可以构建一种令人心旷神怡、赏心悦目的场景。学生在这种轻快的教学氛围中感受语言文字的魅力，注意到文本的吸引力和教师的亲和力，完成了学习目标。

最后，教师在教学中充分利用多媒体设备进行展示，激发学生的学习兴趣，启发学生的想象力，增加课堂信息的容量，把握重点，突破难点。教师在多媒体设备的运用上非常及时，契合点很恰当，特别是在赏析语言时展示的图片和文字材料，让学生从多个方面去感受。"雨滴声"贯穿整个教学过程，契合文本内容，让学生感受到昆明的雨的魅力。生动的语言、悦耳的音乐、优美的画面等创设了一种叫人欲罢不能的情境，让教学内容成为一首"美的协奏曲"，让学生更深切地体会文本的意蕴。

此外，自读课文主要要求学生借助阅读课文学到阅读方法，借助课文后面的"阅读提示"以及文中的旁批，让学生形成新的阅读方式。所以，培养学生的阅读方法及良好的习惯是非常重要的，教师的引导只起到引路的作用，关键在于学生的自主阅读习惯和能力。在自读课文中，学生可以进行展示和检测，这是展示教学成效的重要依据。在这一点上，教师还有较大的提升空间。

（设计者：明诚学校 肖丹）

二 数学人教版九年级上册第二十四章第一单元第一课时《圆》教学设计

【教材分析】

《圆》是九年级上册第二十四章第一单元第一课时的内容，在学习了直线图形有关性质的基础上来研究一种特殊的曲线图形——圆。它是常见的几何图形之一，在初中数学中占有重要地位。本节课的内容是对已经学过的旋转及轴对称等知识进行巩固，为学习圆的性质及圆与其他图形的位置关系、数量关系等知识打下坚实的基础。

【学情分析】

九年级学生在过去的生活和学习中对圆的知识已经有了一些认识，初步体会到圆在生活、工农业生产、交通运输、土木建筑等方面均广泛存在，这为进一步探究圆的定义及相关性质奠定了一定的基础。但由于学生对圆的相关性质掌握得比较少，对知识的转化能力较差，因此学生应该重在参与，主动探究，增强解决实际问题的能力。

【课标要求】

理解圆、弧、弦、圆心角、圆周角的概念，了解等圆、等弧的概念。

【教学目标】

（1）通过介绍圆的概念的形成过程，让学生理解圆、弧、弦等与圆有关的概念，了解等圆、等弧的概念。

（2）通过探索圆的定义和发现有关结论的过程，提升学生的数学思考能力。

（3）让学生体会圆在生产生活中的广泛运用情况，感受数学的价值，体会圆的匀称美，培养学生的审美意识。

【教学重点、难点】

重点：介绍圆的概念的形成过程，理解圆及与之有关的概念。

难点：理解圆的概念的形成过程和圆的集合定义。

【教学方法】

主要采用数形结合以及动手操作的方法。

【板书设计】

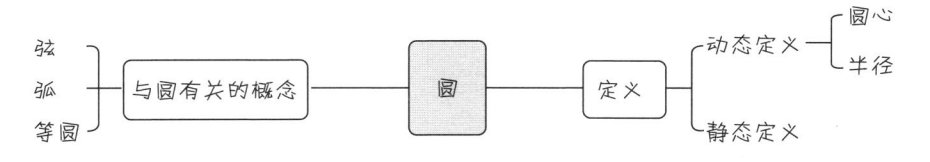

弦、弧、等圆 — 与圆有关的概念 — 圆 — 定义 — 动态定义（圆心、半径）/ 静态定义

【教学设计】

（一）"备"环节

小组讨论：一个小游戏，假设学生运动的速度是一样的，现在只有一个小立柱，若全班同学面向小立柱站一排，最先摸到小立柱的同学获胜。请问游戏对所有同学公平吗？如何才能使游戏对所有人公平？

（二）"导"环节

列举生活中常见的图形，许多物体都以圆的形象展示给我们（通过PPT

展示带圆的图形），然后请学生说一下自己常见的物体中哪些是圆形的。

一、欣赏图片

圆是生活中常见的图形，许多物体都给我们以圆的形象。

> 设计意图：让学生感受到圆无处不在，圆中蕴含着数学美，以激发学生学习的兴趣。

（三）"思"环节

让学生认真阅读课本第79～80页的内容，解决下列问题。

（1）什么是圆？怎样表示？画一个圆需要什么条件？

（2）什么是弦、直径？它们有什么区别？

（3）什么是弧、半圆、优弧、劣弧？它们有什么区别？怎样表示？

（4）什么是等圆、同心圆、等弧？

> 设计意图：以问题串的形式引发学生自主思考探究，使学生在自主探索、合作交流的过程中完成数学学习任务，从而真正理解和掌握基本的数学知识技能，培养学生的合作意识。

（四）"议"环节

让学生讨论以下问题。

（1）圆上各点到定点（圆心O）的距离等于什么？

（2）在一个平面内，到定点（圆心O）的距离等于定长（半径r）的点有多少个？这些点有什么共同之处？

设计意图：让学生在合作交流的过程中完成数学学习任务，从而真正理解和掌握基本的数学知识与技能，培养合作意识。

（五）"展"环节

师生共同总结圆的定义，然后通过PPT展示图形和定义。

如图所示，在一个平面内，线段OA绕固定的一个端点O旋转一周，另一个端点A所形成的图形叫作圆。

固定的端点O叫作圆心，线段OA叫作半径。

以点O为圆心的圆，记作"⊙O"，读作"圆O"。由圆的定义可知：（1）"圆"指的是"圆周"，即一条封闭的曲线。（2）确定圆的二要素——圆心和半径，圆心可以定位置，半径可以定大小。

我国古人很早对圆就有这样的认识了，战国时的《墨经》就有"圆，一中同长也"的记载。它的意思是圆上各点到圆心的距离都等于半径。

从画圆的过程可以看出：
（1）圆上各点到定点（圆心O）的距离都等于定长（半径r）。
（2）到定点的距离等于定长的点都在同一个圆上。
归纳：圆心为O、半径为r的圆可以看作到定点O的距离等于定长r的所有点组成的图形。

设计意图：通过小组展示，培养学生的归纳总结能力。

（六）"评"环节

让学生认识到，圆心为O、半径为r的圆可以看作所有到定点（圆心O）的距离都等于定长（半径r）的点的集合。

圆的两种定义如下（用PPT展示定义）。

动态定义：在一个平面内，线段OA绕固定的一个端点O旋转一周，另一个端点A所形成的图形叫作圆。

静态定义：圆心为O、半径为r的圆可以看作所有到定点O的距离等于定长r的点的集合。

设计意图：将比较零碎的知识系统化，帮助学生建立完整的知识框架。

（七）"测"环节

用以下题目进行该环节。

判断题（在括号中画"√"或"×"作答）

（1）弦是直径。（　）

（2）半圆是弧。（　）

（3）过圆心的线段是直径。（　）

（4）过圆心的直线是直径。（　）

（5）半圆是最长的弧。（　）

（6）直径是最长的弦。（　）

（7）圆心相同、半径相等的两个圆是同心圆。（　）

> 设计意图：考查学生掌握知识的情况，培养学生运用所学知识解决问题的能力。

（八）"用"环节

用以下题目进行该环节。

一、判断题（在括号中画"√"或"×"作答）

1.半径不相等的两个半圆是等弧。（　）

2.长度相等的弧一定是等弧。（　）

二、选择题

1.以点O为圆心画圆可以画（　）。

  A. 1个　　B. 2个　　C. 3个　　D. 无数个

2.如图所示，点A、O、D及B、O、C都分别在一条直线上，则圆中的弦的条数为（　）。

  A. 2　　B. 3　　C. 4　　D. 5

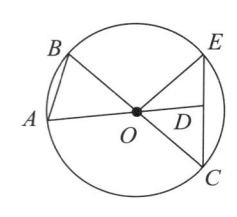

设计意图：让学生学以致用，真正把知识应用到生活中去。

【教学反思】

本节课的主要内容是学习圆的定义和圆的相关概念，学生对这些知识点的理解还是比较透彻的，虽然课堂上讲了求证"几个点在同一个圆上，就是证明这几个点到某一个点的距离相等"的例题，但学生实际上能够独立完成这样的题还有些欠缺。在课后练习题的评讲中，教师应注意这方面的问题，让学生更好地理解这类题的解法和规范解题过程。

这节课的教学设计主要突出以下几点。第一，把握学生已有知识，利用PPT让学生实现有效学习。学生对圆并不陌生，在生活中，这个完美的图形几乎处处可见，学生能从若干个平面图形中挑出圆。学生看到的圆一般是静态的，而圆的本质特点是到定点距离等于定长的点的轨迹（是动点的轨迹），这和直线图形有着本质的区别。想让学生感悟圆的图形性质与特征，就需要让学生看到动点，看到圆"动态生成"的过程——点动成线。圆是由一条封闭曲线围成的图形，它的特征主要体现在隐形的线段——半径和隐形的点——圆心上。第二，充分发挥学生的动手操作能力，主动学数学。教师应时刻关注学生的学习情况，尊重学生的选择，充分体现学生的主体性。新课标指出，"学生是学习的主人"，教师要"向学生提供充分从事数学活动的机会"。对于圆的认识，教师的设计从画圆开始，让学生利用手中的工具尝试画圆，然后展示所画的圆并说说用什么画的，重点放在用圆规画圆上。利用投影仪，展示学生用圆规画圆的过程，然后让其他学生补充用圆规画圆的过程中需要注意的事项，使学生明确画圆时的定点、定长。这样设计的目的是让学生初步知道可以利用手中的圆形物体画圆，也可以用圆规画圆（更规范）。第三，创设开放的生活情境，展现学生的不同思维。每个学生都有分析、解决问题和创造的潜能，但是学生之间存在一定的差异，这是必然的。学生在生活经验、认知特点、思维方式等方面的差异要求教师适当创设开放性的问题情境，使学生能从不同角度进行思考和探索。本节课中几处开放性的设问都为学生创造了机会，使学生的不同思维都能在课堂中"发光"。例如，在解决"为什么车轮做成圆的"这一问题时，学生就展示了不同的思维。绝大部分学生可以发现在同一圆内所有半径相等。学生用量的方法量出多条半径的长度，从而推断出所有半径都相等。第四，利用多媒体设备调动学生学习的积极性，通过多媒体动画演示，学生不仅学习了圆的各部分的名称，学会了画圆，而且掌握了圆的特征、半径与直径之间的关系，更重要的是，通过主动探究，学生从进行知识的积累和实现能力的提高走向素质的提高；学生学会从不同角度思考问题，创造性的思维得到了培养和发展。

这节课存在一些问题：一是教师没有给学生充分的时间探索圆的特性；二是学生在动手操作上还存在许多的问题；三是教师在动画制作上与目标的差距很大。

【点评】

以下几个方面值得借鉴。

1. 情境设计简洁有趣，课题引出承前启后

从设计上来说，无论是课题的引入还是知识的探究，抑或是课后的练习，都应该把握教学的基本点，理解教材要教什么。比如，通过学生熟悉的"十五的月亮"、硬币、钟面等引入课题，体现数学与实际生活的紧密联系。再比如，在探究圆的画法时，先通过学生尝试，比较各种方法的优点、缺点，得出用圆规画圆的规范性，层层推进，使教学自然、顺畅。

2. 操作活动设计巧妙，定义形成水到渠成

本节课设计的情境问题为：只有一个小立柱，若全班同学沿着红线站

成一横排，请问游戏对所有同学公平吗？如何使得游戏对所有人公平？

这样的设计从生活中的游戏的公平性入手，提出了对圆的数学思考。同时，学生交流已有的对圆的认识，教师帮助学生找到新旧知识之间的"联结点"，为后面的教学活动做好铺垫。

在这一过程中，学生先独立思考并画图，再互相讨论，得出结论：圆心确定圆的位置，半径确定圆的大小。这是一个包括共同操作、画圆、识图、观察、思考、理解等活动的过程，也是圆的概念建构的过程。在这一过程中，圆的定义不是被强行塞给学生的，而是学生通过动手操作，经过观察、实验、猜测、验证等活动，由感知上升到理性，逐步建构起来的。定义是在已有知识基础之上、在学生动手做的过程中自然得出来的，这就是水到渠成。

总之，本节课的设计突出了"学生是学习的主体"，以生活中的实例为起点，以操作、探究为主线，以数学思想为核心，以人为本，注重学生的学习方式。教师进行课堂设计时把学生非常熟悉的"套圈游戏"作为问题情境，整节课围绕"套圈游戏"展开，结合游戏向学生提出富有挑战性的问题，激发学生的学习兴趣，提高课堂效率。同时，本节课中的活动进行得比较流畅，符合学生的认知规律，达到了预期的效果。

学习是一个不断发现问题、解决问题，形成新的知识结构与思维经验的过程，学习内容时往往要经过多次反复，才能有效掌握。学生对新内容的理解与掌握并不是一次达成的，而要经历多次活动，每经历一次活动，学生的数学经验就会不断积累。教学是一门艺术，有思想的艺术才会有生命。教师教学时要从学生出发，加强对学生学习的研究，丰富教学思想，提升教学的艺术水平，让课堂成为学生获得知识、掌握方法、形成智慧、陶冶情操的场所。

（设计者：明诚学校 董志敏）

三 英语外研版七年级上册 Module8 Unit2 "She often goes to concerts" 教学设计

【教材分析】

本模块以生日礼物为话题，本模块的 Unit 2 是外研版英语教材中 Module 8 的第二个单元。本单元是一个阅读课型单元。话题以为家人挑选礼物为主线，介绍有关礼物的词语和如何挑选合适的礼物。在第一单元，学生已经学习了一般现在时态的用法，结合有关礼物的词语，让学生思考如何挑选恰当的礼物，以为别人选择礼物为媒介，引发对别人的情感体验，引导学生学习如何对待周围的人。

【学情分析】

该年级的学生有一定的英语基础，对节日的话题的兴趣浓厚。但学生在口语和知识的应用方面较薄弱，要向学生提供自主学习和交流的机会。本模块是对前面三个模块的知识的总结与归纳，引入了对频度副词的使用。在学生掌握一般现在时态的用法后，通过以"挑选生日礼物"为话题，把课堂模拟成生活场景，提高学生的语言交际能力；引导学生增强合作意识，激发学生的兴趣，提高学生的课堂参与度，这有利于学生对知识的掌握与吸收。

【课标要求】

根据新课标的要求，第二单元以培养学生的读写能力为主，包括对词语、语法的学习。在第一单元谈论"Tony的生日过程"的听说活动的基础上，本节课主要谈论中西方庆生的习俗。然后过渡到本单元"如何为他人选择礼物"的读写活动，通过层层递进（由易到难的教学活动），培养学生的阅读能力和听说能力，最终实现学生听说读写能力的综合提升，完成本模块的教学任务。

【教学目标】

（1）熟练掌握有关礼物的词语和词组。

（2）能读懂并识别人们的爱好，能够正确且熟练地用英语表达送礼物的相关信息。

（3）能正确使用一般现在时态介绍他人的爱好。

（4）能够描述家人或朋友的喜好，并为其挑选礼物。

【教学重点、难点】

重点：①能够掌握重点单词和短语的用法；②能够正确运用一般现在时态中动词的第三人称的单数形式。

难点：能够正确使用一般现在时态介绍他人的爱好。

【教学方法】

任务型教学法、互动教学法、情境教学法。

【板书设计】

Module 8　Choosing presents
Unit 2　She often goes to concerts

Choosing presents
- Who　names
- know　hobbies
- tell　reasons
- choose　presents

【教学设计】

（一）"备"环节

学生准备好英语课本、双色笔、导学案、同步练习册。

复习并背诵本单元的单词：concert, magazine, dress, choose, wear, spend, film, expensive, money。

> 设计意图：让学生强化背诵新单词，确保掌握单词，以为文章阅读扫清单词障碍，做好知识储备。

（二）"导"环节

1. Watch a video：On my birthday

2. Free talk

（1）What do they do at the birthday party？I usually/often/sometimes ...

（2）What presents do they get？I would like a/an/some ... Because...

3. Brainstorming

（1）What presents do you want to get on your birthday? A concert ticket, a cinema ticket, a T-shirt, two scarves, a silk dress...

（2）Learn the vocabulary and phrases: a box of chocolates, a CD, a cinema ticket, a concert ticket, a football, a magazine, a scarf, a silk dress, a T-shirt.

> 设计意图：通过让学生观看一个小的音乐视频，直接导入这节课的主题。在学生观看完视频后，提出两个问题：同学们过生日的时候做什么？想要什么生日礼物？通过呈现图片，让学生学习新单词，确保巩固单词基础。用礼物图片吸引学生的注意力，激发学生学习和表达的兴趣，创设活跃的语言情境，将词语的音、形、意有机结合起来，以为下一步阅读和表述扫清障碍，起到展示词语和导入话题的作用。

（三）"思"环节

自主阅读文章，完成感知要求，深入学习相关内容。

注意：①认真阅读课文，注意图片、关键词；②用红笔把不会的题圈出。

Daming, Lingling, Betty and Tony are choosing presents. Read the passage and help them choose proper presents.

1. Fast reading

（1）Read the passage quickly and answer the questions.

①How many people are there in this passage?（Seven/ 7.）

②Who we are going to choose presents for?（Daming's grandparents, Daming's mother, Betty's cousin, Tony's sister, Lingling's aunt and uncle.）

> 设计意图：引导学生略读课文，了解其中出现的角色。本环节的设计旨在引导学生在略读、速读语段后，获取明显的信息，同时尽力了解段落结构，形成框架，以为下一步的写作做好铺垫。

（2）Read again and match（连线）the people with they like doing.

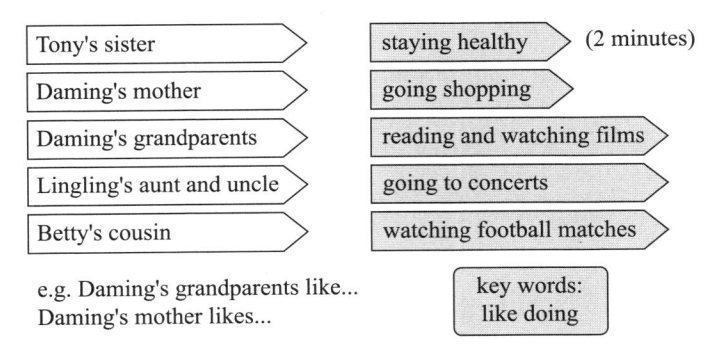

Tony's sister	staying healthy (2 minutes)
Daming's mother	going shopping
Daming's grandparents	reading and watching films
Lingling's aunt and uncle	going to concerts
Betty's cousin	watching football matches

e.g. Daming's grandparents like...
Daming's mother likes...

key words: like doing

> 设计意图：引领学生阅读文章，抓住其中的不同细节，完成表格。用点读笔核对答案。本部分能够让学生将文中人物与其爱好连线，阅读的目的在于训练学生从阅读材料中获取相关细节信息的能力，把学生能够掌握文章中的主要信息作为完成任务的标准。同时让学生在实际生活中熟练运用功能句，搭建写作结构和框架。

2. Careful reading

（1）Paragraph 1 (Read and finish the mind-map).

Daming's grandparents { like / reasons / presents

Careful reading (Read paragraph 1 and finish the table. 2 minutes)

Paragraph 1
People: Daming's grandparents
Like(s): to stay healthy
Reasons: every day get some exercise
sometimes wear T-shirts
Presents: T-shirts

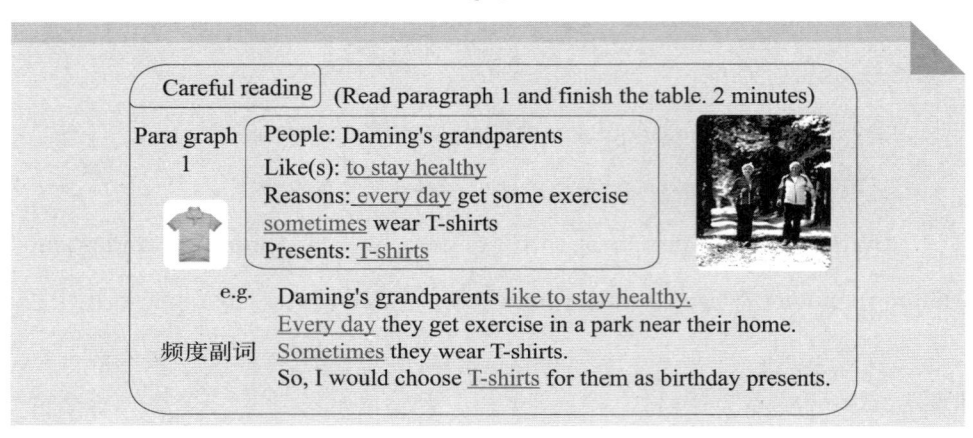

e.g. Daming's grandparents like to stay healthy.
频度副词 Every day they get exercise in a park near their home.
Sometimes they wear T-shirts.
So, I would choose T-shirts for them as birthday presents.

（2）Read the passage to get the main idea and specific information of each paragraph.

①Teacher proposes the task first.

②Students complete the information cards on their worksheet.

③Teacher helps students to describe the first card. Students present the rest of their answers to the whole class.

3. Group work

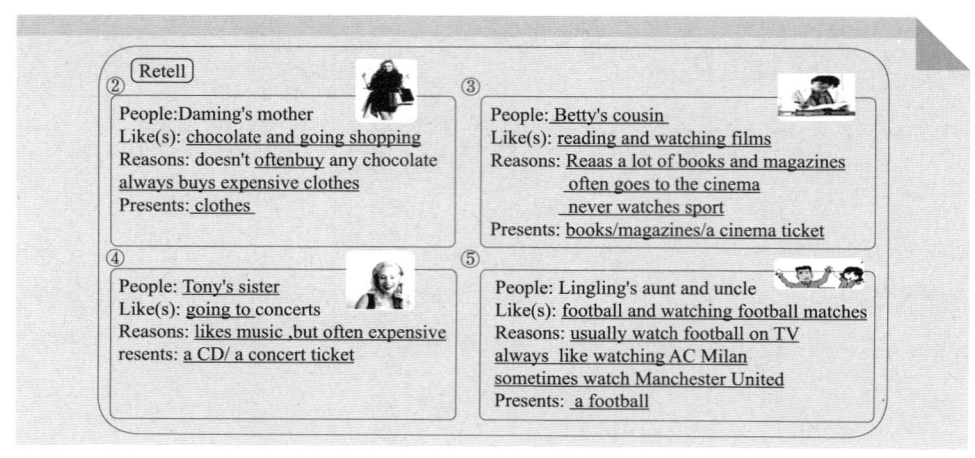

Retell

② People: Daming's mother
Like(s): chocolate and going shopping
Reasons: doesn't oftenbuy any chocolate
always buys expensive clothes
Presents: clothes

③ People: Betty's cousin
Like(s): reading and watching films
Reasons: Reaas a lot of books and magazines
often goes to the cinema
never watches sport
Presents: books/magazines/a cinema ticket

④ People: Tony's sister
Like(s): going to concerts
Reasons: likes music ,but often expensive
resents: a CD/ a concert ticket

⑤ People: Lingling's aunt and uncle
Like(s): football and watching football matches
Reasons: usually watch football on TV
always like watching AC Milan
sometimes watch Manchester United
Presents: a football

（1）Students work in groups to learn the passage to finish the tasks.

（2）Each group chooses a student to make the oral presentation.

（3）The chosen student will be guided to act as the teacher to retell the each paragraph.

> 设计意图：通过对第一段进行详细的分析阅读，让学生独立阅读、思考，让学生独立学习探索，培养学生的独立思维。让学生通过独立阅读，理出文章小段思路：谁喜欢什么、喜欢的理由及选择的礼物。根据短语写成句子，训练学生的写作能力。剩下的四段，学生以同样的方法寻找关键词并能够复述。

（四）"议"环节

小组内探讨、互相提问、核对答案并讲解（注意把握进度和效率，记录解决不了的问题）。

> 设计意图：通过小组合作培养学生的合作意识和解决实际问题的能力。

（五）"展"环节

每个小组找出相关代表展示。

（1）Students show their answers each group by group.

（2）Students retell the passage according to the pictures and the key words.

> 设计意图：通过小组展示和复述，培养学生的归纳总结能力。

（六）"评"环节

（1）Teacher proposes questions: What implication can we get after reading the passage? What is the best present for your friend?

Different people have different hobbies. We should choose presents according to people's likes. The best is the most suitable for yourself!

（2）Let students think about how to describe choose presents for others. Write down the key points on the blackboard.

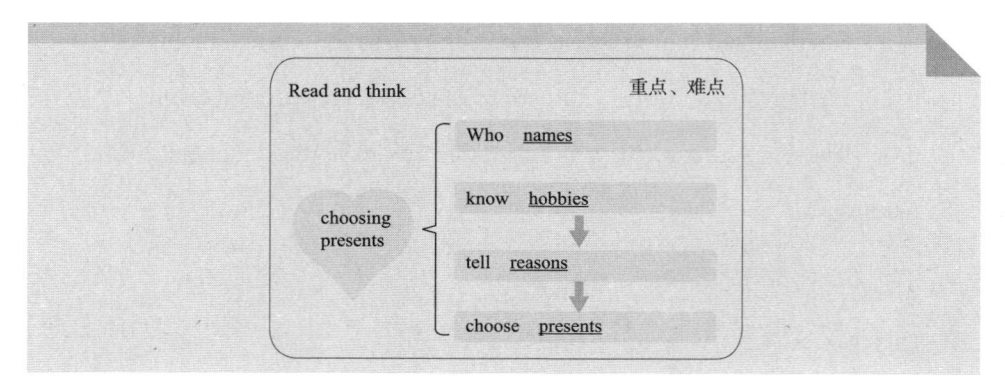

```
Read and think                          重点、难点
                ┌── Who    names
                │            ↓
   choosing ────┼── know   hobbies
   presents     │            ↓
                ├── tell   reasons
                │            ↓
                └── choose present
```

（3）Students give their answers individually.

> 设计意图：通过"展"，让学生复述。老师在"评"的过程对如何为他人挑选礼物进行总结，描述挑选礼物的思路，以为"测"做好铺垫。

（七）"测"环节

完成导学案当堂达标检测。

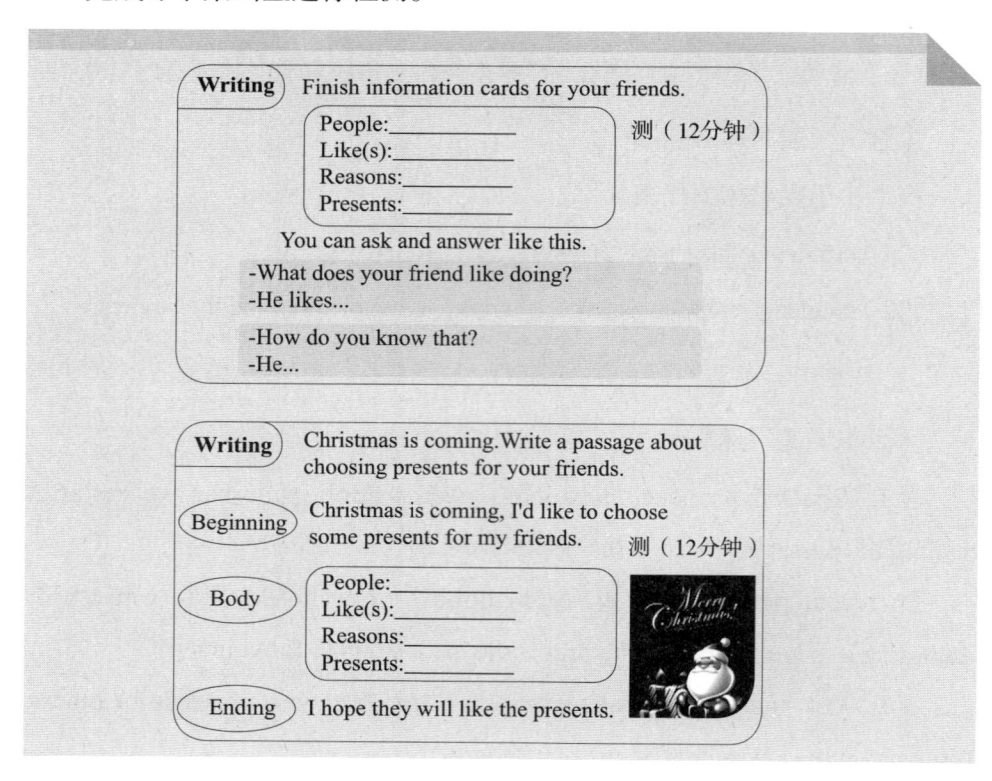

Writing Finish information cards for your friends.

People:_____
Like(s):_____   测（12分钟）
Reasons:_____
Presents:_____

You can ask and answer like this.
-What does your friend like doing?
-He likes...

-How do you know that?
-He...

Writing Christmas is coming. Write a passage about choosing presents for your friends.

Beginning: Christmas is coming, I'd like to choose some presents for my friends.   测（12分钟）

Body:
People:_____
Like(s):_____
Reasons:_____
Presents:_____

Ending: I hope they will like the presents.

设计意图：充分调动学生的参与意识，培养他们自主学习、探究与合作的精神，体现"任务型"教学的核心，进一步提高学生的口语表达能力和写作能力。检测学生对知识的掌握程度，强调易错点和难点。写完之后让每组代表上台展示。

（八）"用"环节

根据课上所学的内容，让学生介绍家人的喜好，为他们选择生日礼物。

设计意图：让学生学以致用，真正把英语知识运用到实际生活的口语表达中。

【教学资源】

音乐视频： 巴塔木英文歌。

【教学反思】

在这节课中，学生兴趣浓厚，积极主动，充分体现了课堂八环节的理念。

本课设计思路清晰，教学目标明确，本模块的任务是让学生写一篇短文介绍家人的喜好，为他们选择生日礼物，教师通过让学生自学、组议、详细分析文本，总结概括出一个清晰的知识体系和脉络，确保主线明确，以让学生掌握本节课的重点、难点。对于"导"这一环节，在这节课中，教师以令人愉悦的动画视频导入，提出贴合学生实际生活的问题——"过生日想要什么礼物"，运用图片，激发学生的学习兴趣。

对于"思"环节，教师让学生快速阅读和详细阅读课文，让学生独立阅读、思考，让学生进行独立探索，培养学生的独立思维。学生通过独立阅读可以理出文章小段的思路：谁喜欢什么、喜欢的理由及选择的礼物。

教师不会干涉，也不会打断，但会观察并记录学生对导学案的完成程度及面临的难点，大部分学生都能完成教学要求。由于文本段落较多，一部分学生对文本不够熟悉，没有完成教学要求，因此，在以后的导学案的设计上，教师分层次、更合理地设计教学内容，在题目的设计上适当降低难度。

在"展"环节，教师鼓励学生，明确思路，分小组进行复述，大胆地进行展示，"测"环节后的作文输出是书面展示。书面展示的效果比较好，通过学生独立思考、组议、复述展示，老师讲评，学生有关"如何为他人选择礼物"的思路变得清晰。

反思整个教学过程，教师认为成功的地方如下。

（1）创设情境，营造自由、和谐的学习氛围。英语课要结合教学内容，创设贴近课本及生活实际的情境，让学生在情境中学习，把教学内容运用到实际生活中去。本节课上，教师创造英语情境，让学生在其中练习，展示自我。

（2）任务型教学，促使学生积极参与。本节课运用任务型教学方法，设计了贴近学生实际、目的明确、可操作性强的情境，真正让学生做到"在做中学，在学中做"，在"思"环节，学生积极主动独立地思考、阅读文本，学生充分参与，体现了由教师主导、以学生为主体的教育理念。

（3）小组合作，培养学生的合作实践能力。"议"环节的小组合作培养了学生的口头交际能力，强化了学生的"合作学习"意识。

（4）注重激励，让学生成功体验。教学不在传授，而在激励。在课堂上，教师对学生进行表扬和激励，尤其是让学习困难的学生树立了自信，激发了他们学习英语的热情，产生了良好的教学效果。

但在整节课的教学过程中，也存在不足之处，需要改进。

（1）教学过程应再完善。在教学时，导入过程应更详尽，如果在导入过程直接说明学习目标，学生的学习就将更有针对性；对于单词、短语的教授，教师应多添加题目，让学生反复练习，这样的话，教学效果应该会更好。虽然整堂课很好地利用了多媒体设备进行教学，但是分配给各环节的时间过于紧凑，小组合作部分展开得不充分。

（2）基于教材设计教学。教材是英语教学的主要文本。为有效开展英语教学，教师的首要任务是钻研教材、把握教材，逐步使自己具备创造性地使用教材的能力。准确定位教学目标，选择使用恰当的教学方法和手段进行教学。

【点评】

本节课采用课堂八环节教学模式，在规定的时间内基本上完成了教学任务。本节课要求学生能正确使用名词所有格及正确运用动词第三人称的单数形式。书面展示的效果比较好。

课堂八环节体现了学生是学习的主体，教师是学生学习的组织者，教师在课堂中创设条件让学生深入学习、合作探究。教师要调动学生的学习积极性，提高学生自主、合作、探究学习的能力。在"展"环节鼓励学生用适合自己的方法和策略展示探究结果。课堂八环节教学对于英语学科来讲还是很适用的，教师在教学过程中对各个环节的把握都非常准确，学生知道自己该做什么，并有目的地完成。

在教学设计上，要关注对学生学习能力的培养。教师在教学过程中应处理好知识与技能、过程与方法、情感态度与价值观之间的关系。以学生现有的知识经验导入，这涉及语言输入到输出。在教学过程中，以学生为主体，注重教学过程中对学生学习方法与策略的培养和渗透，重视对学生情感态度与价值观的培养。培养学生的合作精神，促使不同层次的学生积极学习、自主学习、积极评价，激发学生的学习热情，提高学生的自我价值，注意进行个性培养。

在教学内容上要重在培养学生的语言运用能力。以教材为基本，利用多媒体设备创设情境，促使学生明确教学内容与生活的内在联系。培养学生的语言技能和语言运用能力，把对听、说、读、写的训练巧妙地穿插其中，努力体现教师的教学智慧。

教师要教学相长。本节课内容适中，难易程度相当，学生在课堂上与教师互动，课堂气氛活跃。在语言场景中创设情境，让学生主动参与到活动中来。教师要把学生当作主体，把自主探究与合作学习融为一体。教师要努力让学生在活动中情绪饱满，参与度高，探究欲望强烈。教师要对教材进行合理的分析和利用，充分了解学情，做好教学设计，合理安排教学环节，充分体现"教学相长"。

俗话说："教学有法，教无定法，贵在得法"，课堂八环节的提出和实施，对教师和学生来说都是新的挑战和开始，我们要深入研究、多思善想，敢于创新、勇于实践，善于反思、总结提高。课堂八环节是非常好的教学模式。针对学生底子薄、自学能力差、接受学习现状，相信教师通过在教学中不断反思、不断创新，可以使学生的成绩提高，实现自身成长。

（设计者：明诚学校 崔力心）

四 道德与法治人教版八年级上册《关爱他人》教学设计

【教材分析】

本框是道德与法治八年级上册第三单元第七课《积极奉献社会》的第一框,在了解社会生活和社会规则的基础上,本单元将进一步引导学生明确社会责任,并积极主动服务和奉献社会。通过对前两个单元的学习,学生已经学过尊重他人、以礼待人等社会生活中的道德,树立了责任意识,从而为《关爱他人》的学习打下了基础,也为学习下一框中《服务社会》做好铺垫。

本框用现实生活中常见的场景使学生感受到关爱无处不在、无时不在,让学生体会到关爱是一种美好的情感。从对他人、对社会、对个人三个方面分析关爱的意义,使学生在思想上认同"关爱是一种幸福",在行动上主动关爱他人,进而引导学生分析关爱他人应该有的态度、尺度和策略。

【学情分析】

八年级的学生已经有一定的知识储备、生活阅历和辩证分析能力,对关爱他人、奉献社会等问题有不同程度的认识和理解。大多数学生认同关爱他人、奉献社会的正向意义,在现实生活中能够主动关爱他人、积极参与社会公益活动。但部分学生由于受家庭等因素的影响,养成了以自我为中心的习惯,把他人的关爱当成理所当然的事,自己不愿关爱他人,拒绝参与公益活动。有的学生有关爱他人、服务社会的意愿,但缺乏行动力或策略方法。这就需要教师帮助学生树立正确的服务意识,明确服务社会与个人成长的关系，引导学生在实际行动中努力服务和奉献社会，践行社会主义核心价值观，贯彻党的二十大精神，增强学生的道德自信。

【课标要求】

本节课所依据的《课程标准》的相应部分是"我与他人和集体"中的"在集体中成长"。具体对应的内容标准是"学会换位思考，学会理解与宽容，尊重、帮助他人，与人为善"。本节课所依据的《课程标准》的相应部分还有"我与国家和社会"中的"积极适应社会的发展"。具体对应的内容标准是"有为他人、为社会服务的精神"。

【教学目标】

（1）知道关爱传递美好情感，了解关爱对他人、社会和个人的意义；懂得关爱要尽己所能，掌握关爱他人的策略。

（2）能够心怀善意、尽己所能关爱他人，注意讲究策略。

（3）感受关爱的力量，增强关爱他人的意识。

【教学重点、难点】

重点：关爱他人的作用。

难点：关爱他人的艺术。

【教学方法】

以课堂八环节教学模式为依托，运用多媒体设备进行教学，通过利用讲授法、情境体验法、讨论法、热点分析法，让学生开展自主学习、合作探究等活动。

【板书设计】

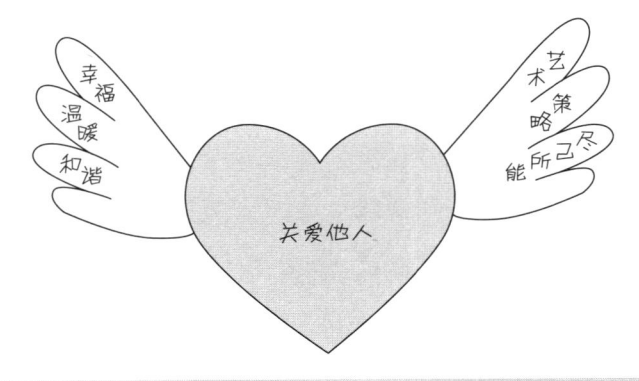

（关爱他人 —— 幸福、温暖、和谐；艺术、策略、尽己所能）

【教学设计】

（一）"备"环节

（1）为什么要服务社会？

（2）怎样服务社会？

> 设计意图：让学生巩固上节课的知识，同时为本节课的学习做铺垫。

（二）"导"环节

观看视频《留一盏灯温暖他人》。

教师：结合视频，谈谈你的感受。

学生回答。

（过渡）他们用关爱传递人与人之间的友善，生活因爱而绚丽，世界因爱而美好！今天的话题就围绕关爱展开（板书：第七课《积极奉献社会》第一框《关爱他人》）。

大声齐读学习目标：

（1）知道关爱传递美好情感，了解关爱对他人、社会和个人的意义；

（2）懂得关爱要尽己所能，掌握关爱他人的策略。

设计意图：用"社会主义核心价值观公益广告"引出课题，引起学生的兴趣，在开篇传递一种正能量。

（三）"思""议""展""评"环节

1. 关爱他人是一种幸福

用PPT列出需要学生思考的问题，让学生在课本上进行圈点勾画。

（1）"思"环节1：让学生自主阅读教材第75~77页的内容，了解与感知以下问题。

①关爱的含义及表现如何？

②为什么要关爱他人（关爱他人的作用是什么）？

深入学习：说一说生活中你获得过哪些关爱？你传递过哪些关爱？感受是什么？

用PPT列出需要学生讨论的问题，让学生以小组为单位进行讨论，由小组长负责引导汇总。

（2）"议"环节1：让学生通过对议深入讨论问题。

教师引导学生进行本框学习成果和疑难问题的展示，并对本部分的重要知识点进行点评。

设计意图：教师通过圈画基础知识点，让学生对本框内容进行初步了解与掌握。利用小组合作讨论，调动每个学生的积极性。

（3）"展""评"环节1：让学生了解、感知和深入学习相关内容。

（过渡）关爱，顾名思义，关心爱护。爱是一盏灯，在你的人生旅途中有没有一盏照亮彼此、温暖彼此的灯呢？首先进入场景一。

场景一：点点滴滴忆关爱

（过渡）首先我们跟着小鸣的思路来一次关爱之旅。那么小鸣经历了哪些事情呢？一起来看一下。

情境表演：（故事一）周五放学后，小鸣约好和妈妈一起去看电影，为了节省时间，他决定自己坐公交车去和妈妈会合，但是忘了约定几点见面了。他想给妈妈打个电话，手机又没电了，无助的他在向阿姨说明情况和请求后，阿姨立刻拿出手机，帮小明拨通了电话……

学生表演结束后，进行以下活动。

记者采访：教师（扮演记者的角色）分别采访小鸣、阿姨，了解他们当时的心理活动，分享帮助他人、被他人帮助的感受。

感悟分享：你有过类似的经历吗？请说一说你在社会生活中得到过哪些关爱。

教师总结：在日常生活中，我们难免会有困难之时、窘迫之境，每当这时，总会有人向我们伸出援助之手或者表达关切之情，在长辈的呵护下，我们健康成长，在老师的帮助下，我们增强学习的信心，同伴之间相互帮助，我们更能体会到友谊的珍贵……

（过渡）我们得到他人的关爱，是不是也应该学着去关爱他人呢，请你谈一谈关爱他人的经历。

教师总结：我们要关爱父母，关爱老师，在同学有困难时要向其伸出援助之手。当国家发生灾难时，我们也要为国家担忧，这是我们对祖国的关爱之情。所以，我们在被他人关爱的过程中，也在关爱他人。关爱传递美好的情感，给人带来温暖和希望，是维系友好关系的桥梁。这是关爱对于我们个人的作用。

> 设计意图：本活动围绕小鸣生活中的经历展开，讲述了小鸣在公交车站得到陌生人帮助的故事，旨在引导学生回顾自己类似的经历，引发学生在情感上的共鸣，展开对关爱这一话题的探讨，初步认识关爱传递美好情感的作用。

（过渡）关爱除了对他人起一定作用，还会起什么作用？我们一起进入场景二。

场景二：意犹未尽品关爱

（过渡）展示小鸣故事二，找一名学生读材料。

（故事二）小鸣和妈妈约好六点在电影院门口见面，公交车即将出发时，售票员发现车后有一位拄着拐杖的老人在招手，于是赶紧提醒司机等一等，司机打开车门让售票员下车接老人。售票员赶紧上前搀扶着老人说："您不用着急，车子在等您呢！"上车后，乘客纷纷给老人让座。

教师：引导学生思考并回答，你们赞同售票员、司机和乘客的做法吗？为什么？

教师总结：关爱老人是中华民族的传统美德，是一种正能量，也是践行社会主义核心价值观的做法。

> 设计意图：本活动再现了公交车在出发前等待老人的温馨一幕，旨在引导学生对情境中乘客、司机、售票员的行为做出合理的评价，引导学生分析关爱对于社会的意义，感悟关爱他人传递的社会正能量。关爱是社会和谐稳定的润滑剂和正能量，有利于形成良好的人际氛围，促进社会文明进步。

（过渡）其实在社会中，不是缺少关爱，而是缺少发现关爱的眼睛。在日常生活中，我们对弱势群体进行无微不至的关爱。

教师展示关爱弱势群体的做法，让学生感受关爱无时不在，无处不在。即使是身体有残疾的人，也会传递关爱。接着讲述盲人提灯笼的故事，让学生思考并回答：你从这个故事中悟出了什么道理？

学生回答。

教师总结：正所谓"赠人玫瑰，手有余香"。关爱他人能够收获幸福。关爱他人的人往往能够赢得他人的尊重，得到他人的关心和帮助，从一定意义上说，关爱他人也就是关爱和善待自己。

教师总结关爱他人的作用。

> 设计意图：通过盲人提灯笼的故事，引导学生认识关爱他人对个人的作用，使学生认同关爱他人也是善待自己。

（过渡）我们明白了为什么要关爱他人，接下来想一想我们应该怎样关爱他人？

2. 关爱他人是一门艺术

通过PPT列出要思考的问题，让学生在课本上进行圈点勾画。

（1）"思"环节2：让学生自主阅读第77～79页的内容，了解与感知怎样关爱他人。

迁移运用：请简要评析三种做法。假如你遇到类似的情况会怎么做？

（2）"议"环节2：组议"迁移运用"内容。

（3）"展""评"环节2：通过"展""评"了解、感知和深入学习相关内容。

材料：甲、乙、丙、丁四位同学放学回家，路过河边，发现有人不慎落水，正在水中挣扎。这四名同学均不会游泳，面对此情况，有三种不同的表现：甲想，自己不会游泳，认为还是自己的安全最重要，于是扬长而去；乙没多想，跳进河中救人，结果自己也在河中挣扎；丙和丁一边大声呼救，一边寻找救人的工具。

请简要评析上述三种做法。

注意：1、2、3组评析甲的观点，4、5、6组评析乙的观点，7、8组评析丙、丁的观点。

教师总结：同学们通过回答达成了一致的意见，遇到类似的事情，我们依旧会管，身体力行送关爱。具体做法如下。一是关爱他人要心怀善意，学会体贴、帮助他人。当他人遇到困难时，我们应该在道义上给予支持，在物质上给予帮助，在精神上给予关怀。关爱他人是我们的基本素养，我们应该养成关爱他人的品质。但是，要注意，社会情况是复杂的，在现实生活中，关爱他人可能会出现被误解的现象。二是关爱他人要讲究一些策略，面对复杂情形，要善于做出明智的判断，增强安全防范意识和自我保护意识，在保护自己不受伤害的前提下采取果敢和理智的行动。

> 设计意图：通过展示现实生活中的事情，让学生认识到现实情境的复杂性，引导学生思考在这一复杂情境中应该掌握怎样的关爱艺术。

教师：对于关爱他人，我们还可以怎样做？

教师出示材料：某校要开展"向贫困山区孩子献爱心活动"，有同学认为向妈妈多要点钱帮助他们才能表达诚意，也有同学认为献爱心是大人的事情，我们小孩子还是以后再说吧。

教师引导学生思考并讨论：你怎样看待他们的这些观点？

教师总结：关爱他人，要尽己所能。关爱不分大小，贵在有爱心。一个人的能力有大小，但只要尽己所能为他人排忧解难、奉献社会，就是一个友善和值得称赞的人。

> 设计意图：通过辨析两位学生关于向贫困山区孩子献爱心的观点，使学生认识到关爱无大小之分，贵在心意，我们在关爱他人时应尽己所能，在能力范围内对他人进行帮助。

（四）"测"环节

让学生练习以下题目。

---

1. 在长辈的呵护下，我们可以快乐健康地成长；在老师的鼓励下，我们有足够的信心去解决难题；同学之间相互帮助，让我们明白友情的来之不易与珍贵……这表明（　　）。

A. 每个人均能获得所有人的关心与爱护

B. 关爱维系的友好关系是短暂的

C. 我们需要他人的关心，不过不用关心他人

D. 关爱无时不在、无处不在

2. "爱人者，人恒爱之。"孟子的这句话告诉我们（　　）。

A. 不关爱他人的人不可能得到他人的关爱

B. 关爱他人的人能得到他人的关心和帮助

C. 要让别人先关爱自己，自己再去关爱别人

D. 关爱他人是为了得到他人的关爱

3. 关爱他人要讲究策略。这要求我们在关爱他人的时候（　　）。

①考虑他人的内心感受

②学会尊重他人

③面对复杂情形学会保护自己

④只要诚心就行，不必考虑其他

A. ①②③　B. ①②④　C. ②③④　D. ①②③④

4. 许多政策、法规和公益活动都将关爱带给需要帮助的人，下列不是关爱他人的是（　　）。

A. 人与人之间充满关爱，表现为父母、老师、同学、他人等对我们的关爱

B. 社会关爱留守儿童，关爱贫困学子

C. 助学贷款、希望工程、两免一补、农民粮补、农民养老保险

D. 人人只关心自己的事情，做好自己的事情就可以

5. （2018.德州）2018年3月26日晚，一名司机在路上遇见一名骑单车回家的学生。因一路上十分黑暗，司机为孩子照亮前方的路。在这段视频中，只见孩子中途特意下车，转身向司机深深地鞠了一躬表示感谢。这一鞠躬（　　）。

①是对帮助者的一种回应和尊重

②创造了一种互相影响的友善氛围

③过于烦琐，对帮助者心存感激即可

④让帮助者感到了温暖和满足

A.①②③　　B.②③④　　C.①②④　　D.①③④

设计意图：通过"测"及时让学生巩固所学知识，并及时反馈学习情况。

（五）"用"环节

组织学生走进社区敬老院开展志愿服务工作。

【教学资源】

故事一根据八年级上册教材第75页"运用你的经验"改编而来。

故事二来自八年级上册教材第76页"探究与分享"。

教学设计参考课程教材教学研究（中教研究）中《关爱他人》的教学设计。

【教学反思】

教师准备这节课的时间比较仓促，只有一个星期左右，有很多地方处理得不太理想，有很多点挖掘得不够深入，有很多想法没能付诸实践，所以，没能呈现最好的一面，有一些遗憾。

接下来想和大家分享一下教师对这节课的理解。教师把这节课的基调定在了温情和幸福上，因为关爱他人是快乐的，被人关爱是幸福的，人与人之间的关系是友善的，社会是和谐、充满正能量的，所以，在设计上，教师最看重的是要给学生以积极的、正面的情感体验，让他们感受到关爱是一种美好的情感，让他们自觉地想融入这样的温馨的氛围中，做出自己的价值判断，实现自我改变和成长，这里的成长不但包括心智的成长，而且，更重要的是情感的成长、心灵的成长。所以，在内容的处理上，教师把很多知识性内容进行了弱化，比如，关爱的含义、关爱的表现等，教师没有把这些知识明确地呈现给学生，因为隐性的教育有时会比显性的教育更能打动人心，留给孩子想象和发展的空间，让他们去体验、去感受、去理解，这样的话，效果可能会更好。

1. 本节课的优势之处

（1）营造良好的教育生态情感场。在充分把握学情的基础上，教师在教学内容的设计上深入浅出，富有启发性和教育深意，引导学生自我认知、自我觉察，从而实现良好的自我教育。

本节课致力于营造一个良好的教育生态情感场。通过感人的视频《留一盏灯温暖他人》，让学生感受到有些人在默默地关爱他们，产生情感上的共鸣，感受关爱这种美好的情感，给学生以积极正面的引导，为讲授新课营造情感场景。在情境表演中，通过阿姨的做法，让学生感受到关爱带给人的力量和温暖。"只有人格才能影响人格，只有情感才能唤醒情感。"在温暖有爱的教育生态情感场景中，学生的心是打开的，教学过程真正做到了入耳、入脑、入心，滋润学生的心灵，涵养学生的品格。

（2）进行价值引领，崇尚生命教育。本节课的情境设置主要围绕学生的社会生活，希望学生学会解决在社会生活中遇到的问题。通过公交车让老人的案例（故事二），引发学生思考：面对生活中的两难困境，我们到底应该怎么做？此处通过进行问题探究，引导学生正确看待现实生活中容易出现的思维碰撞的现象。在关键之处进行点拨，使学生豁然开朗，理解关爱是人的基本素养，生而为人，我们应该养成关爱他人的品质。当然，我们还要把握一定的尺度，讲究一定的策略，以避免或减少因善意而给自己带来的不必要的麻烦，从而认识到，关爱是一门艺术，同时也实现了对学生价值的引领。

（3）培养辩证思维，落实关爱行动。在"向贫困山区孩子献爱心活动"中，让学生知道心怀友善要落实到行动上，我们可以从道义、物质、精神上给予他人帮助。关爱要尽己所能，关爱的意义不关乎大小，贵在有心，在自己能力范围内对他人施以援手即可。在合作探究中，学生认识到只要心怀善意，就是一个友善的人、值得别人钦佩的人，体会到关爱的意义和价值，并努力将关爱落实到行动中去，把关爱的种子种在学生的心里，让它扎根，给它生长的土壤、阳光和水分。在今后的生活中，学生将胸怀仁爱之心，自然而然地把这份正能量传递下去。在实践过程中，学生将获得自我成长的经验，培养辩证的思维方式，提高解决实际问题的能力，为更好地融入社会打下基础。

2. 本节课的不足之处

（1）问题设置缺乏层次性。本节课在问题设置上缺乏层次性，如果有问题的层层深入，紧扣学生的思维演进过程，那么效果会更好，更有启发性，让学生进行发散性思考。如果能在整体层面上设置问题链，则能更好地培养学生的逻辑思维。

（2）教学评价缺乏深度和建设性。教学评价需要智慧和平时的积累，教师一上这种课，就感觉脑袋容易"卡住"，出现空白，这直接导致在评价过程中，不能举一反三，缺乏建设性思维。这也是教师今后需要努力避免的方向。

【点评】

在《关爱他人》的备课、授课过程中，教师深刻体会到身上肩负的立德树人的神圣使命。在新时代，为不断强化社会主义核心价值观文化认同教育，广大思政课教师不仅要努力加强自身修养，而且要根据学生的身心特点和实际情况，在日常教学中不断创新教学方法，开展形式多样的探究活动，真正实现学生对社会主义核心价值观的共鸣和认同，从而进一步增强实现中华民族伟大复兴中国梦的使命感和责任感。

《关爱他人》的整个备课过程是反复试课、反复修改、反复查阅资料以及询问的过程。本次讲课在道德与法治组内共进行了三次，对于前两次，我的感觉还可以，比较流畅，能梳理下来。第三次讲是在已经开始比赛后的第一天，我抽的是第二天上午讲。赵艳老师是评委，下午最后一节课时我邀请她听我讲课并进行指导。那节课讲完之后，她对我可以说是全盘否定，把我和讲过同一节课的其他老师进行对比，对各个环节提出意见和建议，我根据这些意见和建议修改相关内容直到凌晨三点。功夫不负有心人，我在第二天讲课时比较成功。

授课过程让我深刻认识到道德与法治课"立德树人"的真正意义，这源于一个道德模糊点，材料是教材上的，问题是：学生赞同售票员、司机和乘客的做法吗？为什么？从他们身上，你能感受到什么？活动要求以4名学生为一个小组讨论该问题。讨论结束后，有的学生直接站起来说："我们组赞同售票员、司机和乘客的做法，因为他们的行为是关爱他人的体现，弘扬了中华民族传统美德，践行了社会主义核心价值观，传递了社会正能量，使社会更加美好和谐。"其他学生纷纷点头表示同意。我对于该回答很满意，单从理论知识角度来讲，这几乎是标准答案。这时，一位平时喜欢思考并善于发问的李同学站起来说："我不赞同司机和售票员的做法，因为公交车有固定的发车时间，加之现代生活节奏太快，大家不是急急忙忙赶着去上班，就是去做更重要的事情，如果因为等老人错过时间，耽误了更多人的时间，我认为不值得，老人可以等下一班车。"这样的回答使在场的多数学生一愣，也有个别学生发出了认同的笑声，认为其说得有道理。这也符合我对李同学的认知。我没有立刻点评李同学的回答，而是微笑着转向其他学生说："哪位同学来评价一下他的说法？"一位女生站起来说："老师，我认为李同学的观点是片面的，每个人都有老的一天，等我们老了，腿脚不方便，也希望别人能等一等我们。"李同学依然摇头表示不是很赞同这种说法，这时，我趁机说了一句话："老吾老以及人之老。"一语点醒梦中人，李同学和其他学生皆连连点头，并露出满意的笑容。

　　道德与法治教师一定要善于捕捉学生进行道德判断的模糊点，结合学生的思想实际，精准捕捉学生的思维火花，通过思想的碰撞，对问题追根究底，透过现象看本质。学生通过对"该不该等老人"这个问题的思考，进一步在理解与关爱他人的过程中感悟对老人这一类人群的正确态度——老人更需要社会的关爱。教师应该用正确的价值观指导学生的行动，实现对学生树立积极价值观的引领。

　　总之，备课之路漫漫，且行且研。

（设计者：明诚学校　吴文佳）

五 历史部编版八年级上册《中国工农红军长征》教学设计

【教材分析】

本课是八年级上册第五单元《从国共合作到国共对立》的最后一课。这一课前承"星星之火",后启"抗日救亡"运动,具有承前启后的重要作用,同时是进行爱国主义教育和革命传统教育的重要素材。本节课主要包含三部分内容:战略转移与遵义会议、过雪山草地、红军胜利会师陕甘。这三部分内容紧密联系,展现了红军从被迫长征到取得长征伟大胜利历时两年的波澜壮阔的历史画卷。所以,本节课中的内容在中国近代史上具有重要的地位。

【学情分析】

学生刚刚学习了"井冈山道路的开辟",对于红军长征的背景有一定的知识储备,能进行知识的联系与对比。八年级学生在认知方面的能力逐渐向抽象思维能力过渡,因此,对于本节课涉及的"长征精神"以及"战略转移与遵义会议""过雪山草地""红军胜利会师陕甘"三部分的逻辑关系还不能明确把握。因此,在本节课中主要采用史料结合、图文结合、小组讨论等方法,解决重点、难点问题,进一步培养学生的抽象思维能力。

【课标要求】

中国工农红军长征,在中国革命史乃至世界军事史上都是伟大的壮举。遵义会议使中国共产党由幼年走向成熟,长征胜利使中国革命转危为安，所以，其在新民主主义革命中具有重要的地位。

【教学目标】

（1）识记红军长征过程中的艰难险阻。

（2）说出红军长征的原因和遵义会议的内容。

（3）说出红军长征胜利的意义。

（4）感悟长征精神。

【教学重点、难点】

重点：中国工农红军长征、遵义会议。

难点：长征精神。

【教学方法】

运用多媒体教学，采用讲授法、情境体验法、小组探究与合作等方法进行教学。

【板书设计】

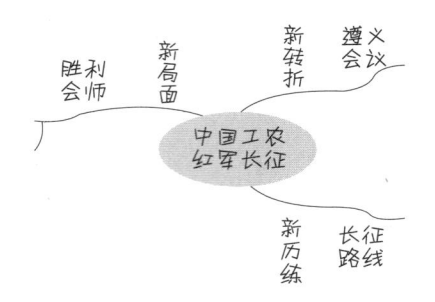

```
         新     遵
    新   转     义
胜  局   折     会
利  面           议
会师  ╲  │  ╱
      ╲ │ ╱
   ┌─────────┐
   │ 中国工农 │
   │ 红军长征 │
   └─────────┘
      ╱   ╲
     ╱     ╲
    新      长征
    历      路线
    练
```

【教学设计】

（一）"备"环节

（1）秋收起义后建立的第一个农村革命根据地在哪里？

（2）在全国各地的根据地中，最大的根据地在哪里？

（3）中华苏维埃共和国临时政府的建立时间是什么时候？确定的首都是哪里？临时主席是谁？

> 设计意图：通过学生对井冈山道路及工农武装割据知识点的复习巩固，加深学生对重点知识的掌握，为长征铺垫背景。

（二）"导"环节

欣赏歌曲《十送红军》。用PPT展示《十送红军》歌词、图片，让学生直观感受人民与红军依依惜别的场景，思考为什么会出现这样的场景。

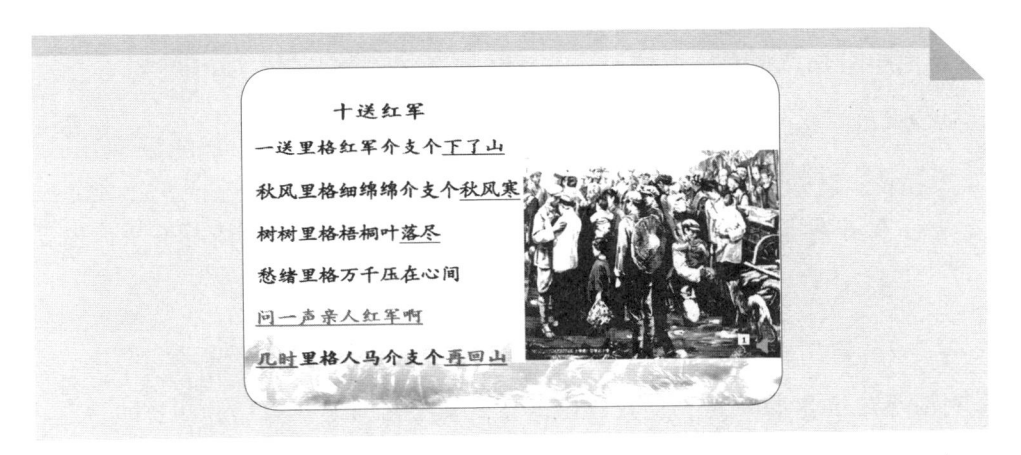

（过渡）听完这首歌曲，你有没有听出人民与红军的依依惜别之情？既然离别不舍，红军为什么决定"下山"？"下山"之后经历了什么？让我们带着这些疑问，一起进入第17课《中国工农红军长征》（板书）。

大声齐读学习目标：①识记红军长征过程中的艰难险阻；②说出红军长征的原因和遵义会议的内容；③说出红军长征胜利的意义；④感悟长征精神。

> 设计意图：让学生对本节课的重要知识点做到心中有数，以便学生进行整节课的学习，大声齐读以提高学生的注意力和精气神儿。

（三）"思""议""展""评""测"环节

1. 战略转移与遵义会议——新转折，坚定信念（板书）

用PPT列出需要学生思考的问题，让学生在课本上进行圈点勾画。

（1）"思"环节1：阅读课本第81~82页的内容，默背【了解感知一】并圈画以下问题。

（1）国民党反动派重点"围剿"的革命根据地是哪里？为什么？

（2）中国工农红军长征的时间、地点是什么？

（3）遵义会议召开的时间、内容、意义是什么？

用PPT列出需要学生讨论的问题，让学生以小组为单位进行激烈讨论，由小组长负责引导汇总。

（2）"议"环节1：结合课本知识讨论以下问题。

- 红军长征的原因（根本原因、直接原因）是什么？
- 假设你是中央红军的一员，在血战湘江损失惨重的情况下，你更支持谁（博古、毛泽东）的战略方针？为什么？

> 设计意图：通过圈画基础知识点，让学生对本框内容进行初步了解。利用小组合作的方式进行激烈讨论，发挥小组集思广益的作用，充分让每一名学生参与其中。

（3）"展"环节1：教师引导学生进行本框学习成果和疑难问题的展示，并对本框重要知识点进行点评。出示"红军五次反'围剿'表格"，分析红军长征的原因。

原因：红军第五次反"围剿"的失利（直接原因），"左"倾错误的影响（根本原因）。

以抢答的方式分析红军长征的时间、地点、人数。

红军五次反"围剿"

	时间	军队人数		领导人	战略战术	结果
第一次至第四次	1930—1933年	10万人	4万人	毛泽东	避敌主力,诱敌深入,集中优势,各个击破	胜利
		20万人	3万人			
		30万人	3万人			
		50万人	7万人	周恩来、朱德		
第五次	1930年10月—1934年	50万人	8万人	博古、李德	分散兵力,进攻冒险,防御保守	失利

设计意图:以抢答的方式调动学生的积极性,集中学生学习的注意力,掌握红军长征的基本知识点。提供史料,以培养学生分析史料的能力,帮助学生掌握"论从史出"的历史学习方法。

(4)"评"环节1:用PPT展示"血战湘江"过程图("三年不饮湘江水,十年不食湘江鱼"),让学生感受红军长征初期面临的艰难险阻。

- 情境设置:假设你是中央红军中的一员,在血战湘江损失惨重的情况下,你更支持谁(博古、毛泽东)的战略方针?

设计意图:通过情境设置激发学生的兴趣,使学生对知识有更直观形象的感受,以加深他们的印象。

- 出示红军强渡乌江、攻克遵义路线图。

"红军举步路茫茫"——想一想到了遵义后,红军最需要解决的问题是什么?

"遵义城楼定主张"——遵义会议召开的时间、地点、内容。

"舵手一易齐桨橹，革命从此上新途"——遵义会议的意义。

利用时间节点，用PPT展示遵义会议中的"转折点"及"从幼年走向成熟"的直观含义。

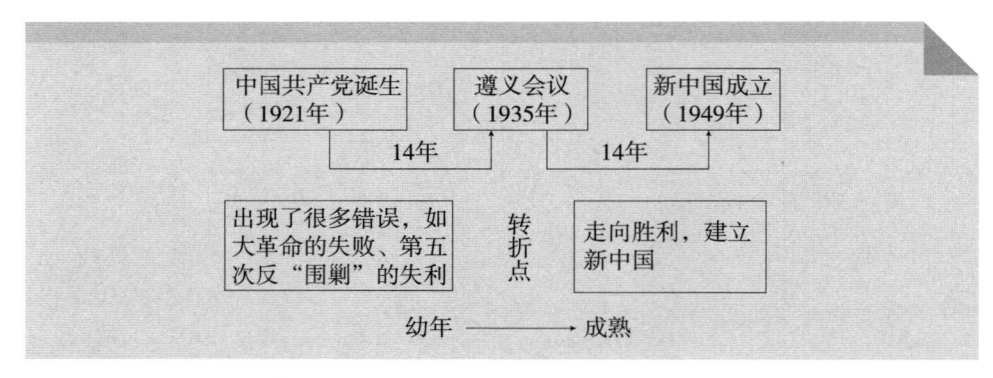

```
中国共产党诞生        遵义会议        新中国成立
（1921年）         （1935年）       （1949年）
         14年              14年

出现了很多错误，如    转     走向胜利，建立
大革命的失败、第五    折     新中国
次反"围剿"的失利     点

        幼年 ──────→ 成熟
```

（5）"测"环节1。

1. "一送（里格）红军（介支个）下了山，秋雨（里格）绵绵（介支个）秋风寒……问一声亲人红军啊，几时（里格）人马（介支个）再回山。"这是电视剧《长征》的主题歌，中央红军被迫离开中央苏区的主要原因是（　　）。

A. 日本发动全面侵华战争

B. 共产党主要领导人犯了右倾机会主义错误

C. "左"倾错误导致红军第五次反"围剿"失利

D. 美蒋勾结，发动内战

2. 朱德为纪念遵义会议曾做诗云："群龙得首自腾翔，路线精通走一行。左右偏差能纠正，天空无限任飞扬。"遵义会议确立的在中共中央处于核心领导地位的是　　　　　　　　　　　　　　　　（　　）

A. 李大钊　　　　　　B. 陈独秀

C. 毛泽东　　　　　　D. 邓小平

3. 有人将贵州省的旅游归纳为：一栋房子，一个瓶子（茅台酒），一棵树子（黄果树）。"一栋房子"成为人文旅游景点是因为这里（　　）。

A. 召开中共一大

B. 是中国工农红军长征的起点

C. 打响了武装反抗国民党反动派的第一枪

D. 召开了中国革命史上生死攸关转折点的会议

4. 央视《百战经典·伟大的会议》描述："一座城市，因为一次重要会议与红色结缘；一座小楼，记录着中国革命的伟大转折；一次会议，从此改变了中国革命的历史进程。"这次会议指的是（　　）。

A. 遵义会议　　　　　　B. 中共一大

C. 中共七大　　　　　　D. 中共十九大

5. 有学者评价："长征简直是将革命划分为'公元前'和'公元后'的一条分界线。"请你以长征进程为序，将下面这首顺序颠倒的诗歌恢复原貌（　　）。

①娄山关前庭战急，遵义城头赤帜竖。②铁壁合围难突破，暮色苍茫别红都。③舵手一易齐桨橹，革命从此上新途。④强渡湘江血如注，三军今日奔何处？

A. ③①②④　　　　　　B. ①③②④

C. ④①②③　　　　　　D. ②④①③

（过渡）通过不断地实践，中国共产党逐渐从幼年走向成熟，而在这样不断走向成熟的道路上，中国共产党又会遇到什么新的历练？

2. 过雪山草地——新历练无畏向前

用PPT列出需要学生思考的问题，让学生在课本上进行圈点勾画。

（1）"思"环节2：①阅读课本第83页的内容，默背【了解感知二】。②理出红一方面军在遵义会议后，进入甘肃前的长征路线【深入学习

3】。

用PPT列示需要学生讨论的问题，让学生以小组为单位进行激烈讨论，由小组长负责引导汇总。

（2）"议"环节2：理出红一方面军在遵义会议后，进入甘肃前的长征路线【深入学习3】。

（3）"展"环节2：引导学生进行本框学习成果和疑难问题的展示，并对本框的重要知识点进行点评。

重点展示：长征路线（地图形式）、长征故事、《七律·长征》。

（4）"评"环节2：集体有感情地朗读《七律·长征》，进行《丰碑》故事的展示。

> 设计意图：通过展示长征路线图、长征故事，朗诵《七律·长征》，让学生感悟红军长征精神。

（5）"测"环节2。

6.长征是中国革命史上不朽的丰碑。下列长征事件排列正确的是（　　）。
①遵义会议　②巧渡金沙江　③吴起镇会师　④飞夺泸定桥　⑤会宁会师　⑥爬雪山、过草地　⑦四渡赤水

A.①⑦②⑥④③⑤　　　　　B.①②④⑦⑥③⑤

C.①②④⑥⑦③⑤　　　　　D.①⑦②④⑥③⑤

（过渡）"更喜岷山千里雪，三军过后尽开颜"这句话体现了红军长征什么样的心情？三军指的是什么？红军长征胜利的意义是什么？

3. 红军胜利会师陕甘——新局面开创未来

（1）"思"环节3：阅读课本第83～84页内容，默背【了解感知二】并圈画以下问题。

①红军胜利会师陕甘的时间、地点是什么？

②红军三大主力是什么？会师的时间、地点是什么？【迁移运用2】

③红军长征胜利的意义是什么？

用PPT列出需要学生讨论的问题，让学生以小组为单位进行讨论，由小组长负责引导汇总。

（2）"议"环节3：谈谈你心中的长征精神【迁移运用3】。

（3）"展"环节3：教师引导学生进行本框学习成果和疑难问题的展示，并对本框的重要知识点进行点评。

（4）"评"环节3：万里长征，犹忆泸关险；三军远戍，严防帝国侵。谈谈你心中的长征精神。

（5）"测"环节3。

---

7. "每一场革命都有它自身的传奇。毛泽东率领数万工农红军所完成的战略转移，就是中国革命史的伟大传奇。"红军长征胜利结束的标志是（　　）。

A. 红军三大主力会师　　　　B. 巧渡金沙江

C. 吴起镇会师　　　　　　　D. 四渡赤水河

8. 毛泽东在《论反对日本帝国主义的策略》一文中对长征评价："长征是历史纪录上的第一次，长征是宣言书，长征是宣传队，长征是播种机。"长征精神包括（　　）。

①不怕艰难险阻　②战胜一切困难的革命英雄主义精神

③永不言败的革命乐观主义精神　④勇往直前

A. ①②③④　　　　　　　　B. ②③④

C. ①②③　　　　　　　　　D. ①③④

设计意图：让学生通过"测"及时巩固所学知识，并及时反馈学习情况。

（四）"用"环节

通过阅读著作、进行网络搜索等途径搜集红军长征路上的故事，联系当下生活，思考如何践行长征精神。

本课小结

回顾本节课，我们学到了一次新的转折——遵义会议，看到了一种新的历练——长征路线，读到了一种新的局面——红军长征胜利会师。而正是这样的新转折、新历练、新局面才有了感动我们的长征精神。这正是"一次转折定方向，一场历练促成长，一种局面保力量，长征精神铸辉煌"。

1. 出示思维导图

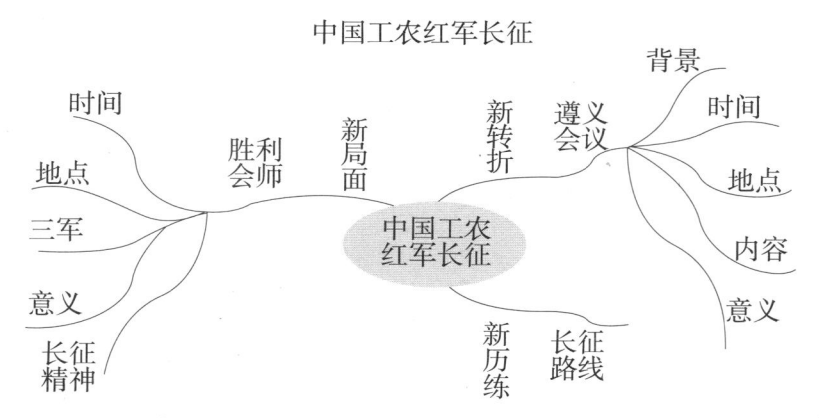

中国工农红军长征

（思维导图：中心"中国工农红军长征"，分支包括：遵义会议——背景、时间、地点、内容、意义；新转折；长征路线；新历练；新局面；胜利会师——时间、地点、三军、意义；长征精神）

2. 结尾设计（情感升华）

长征是一次理想信念的伟大远征，党和红军几经挫折不断奋起，历经苦难而淬火成钢，归根到底在于心中的远大理想和革命信念始终坚定执着，始终闪耀着火热的光芒。

【教学资源】

《七律·长征》，选自《毛泽东诗词集》。

《丰碑》，又名《军需处长》，由李本深创作。

"万里长征，犹忆泸关险；三军远戍，严防帝国侵。"出自《题四川泸定桥》，是1951年朱德为泸定桥纪念馆题词的一副对联。

"三年不饮湘江水，十年不食湘江鱼"表达了湘江战役后，当地人对当年湘江战役中牺牲的战士的敬佩之情。

当堂达标检测习题来自学科网各地市练习题。

【教学反思】

长征是人类战争史上的奇迹，特有的魅力使它就像一部最完美的神话，突破时代与国界，在世界上广为流传。长征是20世纪中华民族灵魂最壮美的写照——用马克思主义武装起来的中国共产党及它领导的工农红军是战无不胜的。长征精神过去是、现在是、今后仍将是中华民族宝贵的精神财富。

在本节课中，教师运用多种教学理念，对各个环节的教学活动进行反思，总结出如下内容。

首先，教师以教学的主体性理念为宗旨，在教学过程中，做到以学生为中心，引导学生自主学习，培养学生的学习兴趣和自主学习能力。例如，在"导"环节，教师以《十送红军》这首歌导入，引导学生带着设问欣赏歌曲，有效培养学生自主思考的能力；在"思"环节，教师精选问题，让学生自主阅读课本并充分预习；在"议"环节，教师利用检查背诵、小组讨论等方式，在检查学生学习效果的同时，促进小组之间互帮互助，充分发挥学生学习的主动性；在"展"环节2"长征路线的梳理"与"评"环节3"谈谈你心中的长征精神"上，由于语言的不准确、不精练，教师对时间把控存在一定失误，因此在学生情感的充分抒发、整节课节奏的带领上还存在不足，接下来，教师会进行改正。

其次，教师秉持教学的个性化理念，尊重学生个性，鼓励个性发展，为每一位学生的个性化发展创造条件。例如，在"议"环节1设置开放性问题"假如你是中央红军的一员，血战湘江后更支持谁的方针"，将学生带入情境，结合小组讨论方式，让每一位学生都参与其中；在"评"环节3，教师借助学生对本节课的学习，让学生"谈谈你心中的长征精神"，充分发挥学生的个性；在"评"环节1，教师在展示遵义会议意义时，没有利用时间轴这一直观方式，导致学生对遵义会议的认识没有一个由抽象到具象的过程，教师在今后的教学中需要注意学生的相关情况及理解能力。

最后，教师采用教学的系统性理念，结合本节课的特点，实现多学科融合，突出主线，并利用思维导图进行系统整合。例如，在"展"环节2，活用地图，让学生对长征路线有更直观的印象，做到图文并茂，让学生朗读并展示《七律·长征》《丰碑》的故事，加深学生的印象，有效抒发学生的爱国情怀。在最后的思维导图呈现上，教师在字体大小、颜色清晰、关键词的提取上存在不足，今后将不断完善。

学生通过这节课对于《中国工农红军长征》的学习，深刻体会到先烈们不畏艰难、艰苦奋斗、勇于献身的崇高的革命英雄主义精神，加深对长征精神的认识和理解，激发热爱党、热爱人民军队、热爱社会主义祖国的崇高感情，培养学生浓厚的爱国情怀，树立社会主义核心价值观。

【点评】

在《中国工农红军长征》的备课、授课过程中，教师深刻体会到历史学科培养学生先辈精神、培育学生家国情怀的独特魅力，也让教师更加坚定地从事教育的初心。"随风潜入夜，润物细无声"——教育是一个灵魂唤醒另一个灵魂的过程，是潜移默化传承精神文化的过程。

关于《中国工农红军长征》的整个备课过程，最让教师印象深刻的是，反复试课、反复修改、反复查阅资料以及询问的过程。

在第一次试课过程中，由于语言不凝练、对整节课的内容有些生疏，教师在第一个班级没有充分的时间进行情感升华，这就使学生知道的只是有关长征的相关知识点，对于长征精神是什么，要如何做，有何感受，都没有充分落实。于是，我再次询问组里的其他教师并接受他们的指导点拨，对备课内容进行反复删改、凝练。在第二次试课过程中，我有效规避了对于情感升华部分的疏忽，学生在学习长征精神的时候，出现了点头的动作和一些情感的共鸣，有些学生还会在课下接着讨论长征的故事，询问长征的艰难，体会到先辈的不易，但是这还不能够辐射到全部同学。

对于第三次试课、第四次试课……关于长征的情感升华问题，我一次次修改，反复尝试新点子，虽然一次比一次熟练，情感的落实情况越来越好，但是总感觉本节课中最为重要的"长征精神"还在空中悬浮着，没有真正扎根到学生心中。正式讲课的时间越来越近，我也越来越焦躁不安。

有时候人走得太着急，就会忽视沿途的美景；有时候你总觉得天边的朝霞很美，却忽视了近在眼前的一簇小花。我开始调整状态：尝试听一些歌颂长征的经典朗诵、音乐；试着看一些长征纪录片、选段；上网查找记述长征的电子书……慢慢地，我被长征过程中一个又一个人物打动了，是呀，历史是讲述人的历史，想讲出真情实感，就要融入真实历史人物的故事。小时候学到的《丰碑》的故事在我的脑海中呼之欲出，一个修改方案逐渐成形。

"红军在冰天雪地里艰难前行，狂风呼啸，大雪纷飞……而前方一个冻僵的老战士……他是队伍的军需处长，他把所有的物资都留给了年轻人，却把'守望'留给了自己。大雪慢慢覆盖在他的身上，他变成了一座永恒的'丰碑'。"课堂上，学生有感情地朗读，眼睛里早已泛起泪花，从一个平凡的人物身上感受到不平凡年代不平凡的精神，长征精神真正在学生身上落地生根。

在这次讲课过程中，我真正体会到教师引领和传承文化的重要作用，让学生从真实的历史人物、历史事件中感悟先辈们敢为人先、不畏艰难的精神，比教师直接叙述给学生要深刻得多。

对于这节课，我收获到了很多知识、经验、教训，因此在今后的历史教学过程中，我准备做到以下几点。

（1）课前充分备课，每节课都做到备教材、备课标、备学生。

（2）养成读历史著作、看历史纪录片的习惯，丰富自己的知识。

（3）多听课，多教研，认真对待集体备课，学习优秀教师的教学经验，更好地把握课堂节奏。

希望在本次备课过程中学到的点滴都会转化为我今后成长过程中的重要经验，不断磨砺自己，保持教育初心，提高自己的教学能力、教学水平。

（设计者：韩颖）

六　地理星球地图版七年级下册《澳大利亚》与《巴西》复习课教学设计

【教材分析】

《澳大利亚》属于七年级下册地理第八章第4节的内容。教材内容包括三个子题目——"古老的大陆""干燥的自然环境""南半球经济发达的国家"。教师根据活动说明澳大利亚人口和城市的分布特点及其成因。

《巴西》属于七年级下册地理第八章第5节的内容。作为发展中大国，巴西的发展历史具有浓厚的殖民主义色彩，本节课设置三个子题目——"民族构成复杂""发展中的工农业""热带雨林的保护"，看似不相干，但有一条主线贯穿其中，就是殖民统治的影响。

《澳大利亚》与《巴西》的教材内容有很多相似之处，如两国的地理位置、自然环境特点、农牧业发展情况等。

【学情分析】

八年级学生已经完整地学习了《澳大利亚》与《巴西》两节课内容，掌握了两节课的基础知识，而且在分析区域问题方面具备了一定的基础，掌握了一些方法，但是在具体问题具体分析或者对不同区域进行对比分析时，学生仍然缺乏综合性的地理分析思维，这需要教师引导学生提升思维能力。作为复习课，进行两个国家的对比学习是提升学生综合能力的有效方式。

【课标要求】

在地图上指出澳大利亚与巴西的地理位置、领土组成情况和首都；根据地图和其他资料概括澳大利亚与巴西的自然环境的基本特点；运用地图和其他资料，并联系澳大利亚与巴西的自然条件特点简要分析该国因地制宜发展经济的实例。

【教学目标】

（1）在地图上说出两国的地理位置、领土组成和首都。

（2）结合资料概括两国的自然环境的基本特点。

（3）结合地图说出澳大利亚的主要农牧区，联系自然条件简要分析该国因地制宜发展经济的实例。结合资料了解巴西的农业发展状况，以及与自然环境、自然资源之间的关系。

（4）在学习过程中培养学生因地制宜发展经济的意识，树立人地和谐的价值观。

【教学重点、难点】

重点：

（1）在地图上说出两国的地理位置、领土组成和首都。

（2）结合资料概括两国的自然环境的基本特点。

难点：

（1）结合地图说出澳大利亚的主要农牧区，联系自然条件简要分析该国因地制宜发展经济的实例。

（2）结合资料了解巴西的农业发展状况，以及与自然环境、自然资源之间的关系。

【教学方法】

课堂八环节教学、对比、自主探究、合作探究等方法。

【板书设计】

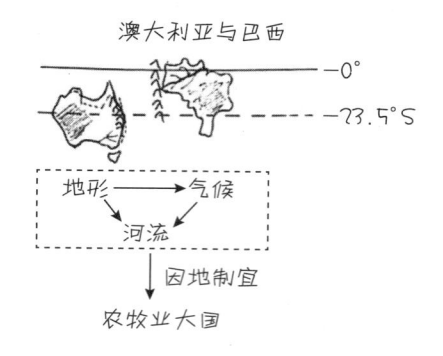

澳大利亚与巴西

地形 → 气候
  ↘ 河流

↓ 因地制宜

农牧业大国

【教学设计】

（一）"备"环节

填充导学案，这涉及课前预习部分。

设计意图：通过课前填图，唤起学生对有关复习内容的基础知识的记忆，建立起两个国家的地理空间概念，为复习两节课的重要内容做铺垫。

（二）"导"环节

知识梳理导图。

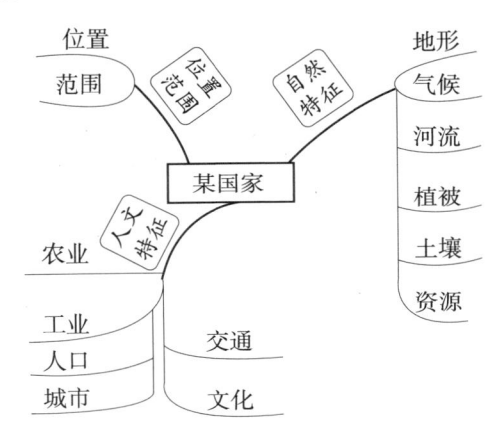

```
         位置              地形
           范围         气候
            位置范围  自然特征  河流
                某国家        植被
                              土壤
            人文特征          资源
       农业
         工业
         人口    交通
         城市    文化
```

设计意图：通过帮助学生梳理国家学习的方法，以构建知识体系。

（三）"思""议""展""评"环节

1. 位置与范围

学生自主填写澳大利亚与巴西的位置、范围。

国家	半球位置	纬度位置	海陆位置	范围
澳大利亚				
巴西				

教师引导学生由纬度位置得出纬度带、温度带（巴西不临近太平洋）。

（1）"思"环节1——两国在位置和范围上有哪些共同点？

（2）"展"环节1——结合图示，学生展示经思考得出的答案。

- 它们都属于南半球国家。

- 它们都被南回归线穿过；大部分地区处于低纬度，位于热带和南温带。
- 它们都是所在大洲面积最大的国家。

链接中考

1.（2020.陕西）澳大利亚和巴西都位于南半球，均被同条纬线____穿过。

2.（2019.东营）比较巴西和澳大利亚纬度位置的相似点。

> 设计意图：通过让学生自主梳理位置范围表格，有梯度地引导学生发现并总结两国位置范围的异同点。最后通过链接中考，突破重点。

2. 地形

学生对照地形图说出地形区名称。

（1）"思"环节2——总结两国的地形地势特征，并比较异同点。

（2）"议"环节2——总结两国的地形地势特征，并比较异同点。

（3）"展"环节2——结合图示，让学生展示经思考得出的答案。

国家	地形	地势	分布
澳大利亚	以平原高原为主	东西高，中部低	三大部分
巴西	以平原高原为主	南高北低	两大部分

相同点：以平原高原为主。

不同点：澳大利亚地形分三大部分，东西高，中部低。

巴西地形分两大部分，南高北低。

链接中考

（2020.聊城）读澳大利亚大陆地形分布示意图，下列叙述正确的是（　　）。

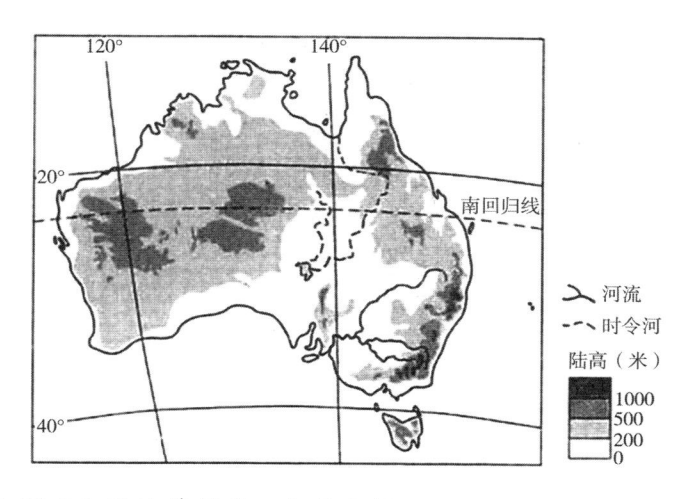

A. 澳大利亚大陆地势低平、起伏和缓

B. 自南向北分为三大地形区

C. 东部地区以平原为主

D. 大分水岭位于西部高原区边缘

> 设计意图：通过让学生自主梳理地形地势特点，引导学生发现与总结两国位置范围异同点。最后通过链接中考，突破易错点。

3. 气候

学生对照气候类型图说出气候类型。

（1）"思"环节3——总结澳大利亚的气候特征。两国在气候特征上有哪些异同点？

（2）"议"环节3——总结澳大利亚的气候特征。两国在气候特征上有哪些异同点？

（3）"展"环节3——学生展示经思考得出的答案。

气候特征：①大部分地区处于热带、亚热带气候；②气候呈半环状分布；③降水量由北、东、南向中西部递减。

相同点：①三种气候类型相同；②都以热带气候为主。

不同点：①澳大利亚气候干燥；②巴西气候温润。

链接中考

（2017.德州）下列关于澳大利亚与巴西两国气候的叙述正确的是（　　）。

A. 都位于中低纬度，以亚热带气候为主

B. 巴西高原的气候主要是热带雨林气候

C. 全境降水量都很丰富，河网密度大

D. 澳大利亚气候呈半环状分布

设计意图：通过让学生自主梳理气候特征，引发学生发现、总结两国气候特征的异同点。最后通过链接中考，突破重点。

4. 河湖

学生对照地图说出主要河流、湖泊名称。

（1）"思"环节4——根据两国地形、气候图，说明两条河流各自的水文特征。

（2）"议"环节4——讨论两条河流的水文特征。

（3）"展"环节4——学生展示经思考得出的答案。

墨累河水文特征：水量小、水量季节变化大，有断流现象、夏汛、无结冰期，含沙量小、流速慢。

亚马孙河水文特征：水量大、水量季节变化小，无明显汛期、无结冰期，含沙量小、水流平稳。

教师引导学生思考为什么亚马孙河航运不发达？

链接中考

（2020.聊城）读某国资源示意图，回答问题。

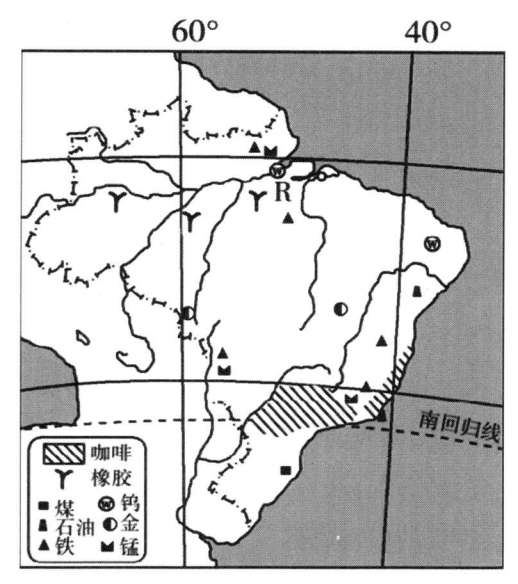

R河发源于_____，该河流经地区属于____（温度带），其长度居世界第__位，是世界上径流量____（最大、最小）、流域面积最广的河流。

> 设计意图：通过让学生结合两国气候、地形图，自主思考、分析河流水文特征，这有利于学生对自然环境间紧密联系的理解，同时，这有助于培养学生的读图分析能力。

（4）"评"环节1——展示澳大利亚与巴西的气候、地形、河流图，分析自然地理要素之间的关系。

- 展示澳大利亚的地形、气候、河流特点。
- 展示巴西的地形、气候、河流特点。

地形影响气候，如澳大利亚东北部的气候为热带雨林气候，因为处于大分水岭东侧，为迎风坡，降水量较多。如巴西高原地势高，气候为热带草原气候，高原东部处于迎风坡，降水量多，气候为热带雨林气候。地势影响河流流向和流速，降水因素影响河流流量。

设计意图：通过让学生结合两国气候、地形、河流图，总结与概括自然地理要素之间的紧密联系，有助于培养学生的联系观。

5. 农牧业

学生对照地图说出澳大利亚的农牧带名称。

（1）"思"环节5——澳大利亚是如何因地制宜安排农牧业区的？

（2）"议"环节5——澳大利亚是如何因地制宜安排农牧业区的？

（3）"展"环节5——学生展示经思考得出的答案。

- 东南沿海和西南沿海地区降水条件好，土壤肥沃，为混合经营带；中西部地区，气候比较干燥，草场广布，形成了粗放牧羊带和粗放牧牛带。
- 西部高原比较低矮，海拔为200~1000米，适宜发展粗放畜牧业。
- 河流为混合经营带农牧业发展提供水源。
- 大自流盆地地下水丰富，为牲畜提供饮用水源。

教师引导学生认识：澳大利亚人民依托本国特殊的自然环境因地制宜发展农牧业，但是因为澳大利亚地广人稀（农牧场规模很大，劳动力短缺），澳大利亚采用先进的生产技术、高度机械化和科学经营管理方法进行农牧业生产，农牧业生产效率高。所以澳大利亚绵羊在短暂的200年间增加到1.7亿只，远远多于澳大利亚人口数。澳大利亚羊毛出口量居世界第一位，其被称为"骑在羊背上的国家"。同时，澳大利亚牛羊肉、小麦、蔗糖等产量和出口量居世界前列。澳大利亚是农牧业大国。

学生对照地图说出巴西的主要农作物。

教师引导学生认识：巴西的咖啡、甘蔗、柑橘产量居世界前列。巴西以出口热带经济作物闻名。其中，咖啡种植面积、产量、出口量居世界榜首，其被誉为"咖啡王国"。大豆、玉米、水稻是其主要粮食作物，产量居世界前列。其中，大豆产量仅次于美国。

（1）"思"环节6——巴西发展热带经济作物的有利气候条件是什么？

（2）"议"环节6——巴西发展热带经济作物的有利气候条件是什么？

（3）"展"环节6——学生展示经思考得到的答案。

- 主要气候类型为热带雨林气候、热带草原气候。
- 气候湿润、水资源丰富。
- 其他条件：地域辽阔，可耕地多，"以农立国"战略。

（1）"思"环节7——根据图示分析巴西发展畜牧业的有利条件。

（2）"议"环节7——根据图示讨论巴西发展畜牧业的有利条件。

（3）"展"环节7——学生展示经思考得到的答案。

巴西高原的气候为热带草原气候，地形平坦，草场广布。

（1）"思"环节8——分析澳大利亚和巴西农业发展的异同点。

（2）"议"环节8——讨论澳大利亚和巴西农业发展的异同点。

（3）"展"环节8——学生展示经思考得出的答案。

不同点：①主要农作物不同；②澳大利亚农牧业主要受降水因素影响；③巴西农牧业主要受地形因素影响。

相同点：两国都是农牧业大国。

链接中考

（2017.德州）关于澳大利亚与巴西农业叙述不正确的是（　　）。

A. 澳大利亚东南沿海地区为混合农业带

B. 澳大利亚中西部地区为粗放牧羊（牛）带

C. 巴西高原上有大片咖啡种植园

D. 亚马孙平原雨水充足，适宜大规模毁林开荒

> 设计意图：通过让学生分析澳大利亚与巴西农牧业特点，总结对比两国农牧业的异同点，从而引导学生学会分析不同自然环境条件对农牧业的影响，树立因地制宜发展农牧业的思想意识。

（4）"评"环节2——对照板书，用PPT进行知识体系梳理总结。

分别回顾澳大利亚与巴西的地理位置与范围、气候、地形、河流。它们依托本国的自然环境优势都发展为农牧业大国，体现了因地制宜的思想。

> 设计意图：通过带领学生回顾本节知识，夯实基础，巩固提升，总结与概括自然环境条件对农牧业发展的影响，并为学生根植因地制宜发展的思想。

（四）"测"环节——当堂达标

> 设计意图：精选中考试题，进行巩固提升。

（五）"用"环节——课后检测

> 设计意图：精选重点题型，夯实基础、提升能力。

【教学资源】

学科网PPT高清图片、"循序渐进"的教育思想、学科网中考题库。

【教学反思】

本节课主要讲解澳大利亚与巴西两个国家的地理环境特征，以及两国是如何因地制宜发展农牧业的。本节课的整体设计是将对比学习方法作为学习本节课的抓手，把因地制宜思想作为贯穿本节的主线，在了解澳大利亚与巴西自然环境的基础上，分析两国农牧业的发展条件，帮助学生建立不同地理事物之间的相互联系，树立因地制宜发展农牧业的价值观念。同时，将两个国家的地理位置、气候、地形、河流等自然环境特征进行对比，将两国因地制宜发展农牧业的条件进行对比，让学生站在新的视角了解两国的地理知识，提高了学生的综合分析能力与概括总结能力。

这节课做得较好的地方如下。

（1）导入具有指导意义。通过学习对国家发展情况进行梳理，导入本课，帮助学生建立知识学习框架，构建思维模式，使学生建立知识体系，减轻记忆负担。

（2）在教学过程中，在"思"环节之前，让学生根据地形、气候、河流等图片资料进行基础知识的梳理，帮助学生回忆学过的基础知识，以便为学生掌握重点、难点知识奠定基础。

（3）"思"环节主要让学生在自主学习的基础上进一步整合有用的地理信息，进行深入思考。再通过"议"环节的讨论研究澳大利亚与巴西两个国家的相同点与不同点。例如，学生在得出澳大利亚与巴西所处半球位置、纬度位置、海陆位置后，将相关内容梳理成表格形式，通过表格对比两国的异同点，学会描述国家地理位置的方法，突出重点，掌握总结与概括的方法。

（4）在"展"环节，教师出示相关地图与资料，让学生回答小组讨论的问题，其他同学认真听，并根据情况进行补充或者纠错，发挥学生学习的"主人翁"作用。

（5）在"评"环节，教师将澳大利亚与巴西自然环境间的关系进行梳理与总结，并从人地关系角度引导学生认识澳大利亚与巴西农牧业发展与自然环境的关系，让学生树立因地制宜发展农牧业的思想。

针对整体问题的设计层层递进，引导学生进行探究，激发学生进行思考。澳大利亚与巴西的自然环境与因地制宜发展农牧业的关系是本节课的重点、难点。因此，在这里采用根据现象分析原因的策略：先让学生了解澳大利亚农牧业带的分布情况和巴西农作物的分布情况，再引导学生思考分布依据，引导学生利用澳大利亚与巴西的气候分布图、地形图等分析问题，最终得出澳大利亚与巴西农牧业发达的原因。培养学生的读图能力，为学生提供好的学习思路与方法。最后，教师将学生的答案加以总结。这种将难点层层分解，引导学生思考、归纳的方法符合学生的认知特点，有利于顺利完成教学目标，同时有利于让学生树立正确的人地关系理念。

当然，本节课仍然有许多不足之处，如师生互动仍不够充分，学生的兴趣没有被充分调动起来，学生回答问题的参与面不广。

【点评】

过去，我们在讲授澳大利亚经济特点时往往习惯于将其概括为"骑在羊背上的国家"和"坐在矿车上的国家"，这一做法延续了若干年。而本节课的教学充分反映了澳大利亚经济社会发展的新趋势，体现了教师与时俱进、弃旧迎新的教学理念。由于长期受到殖民统治，巴西经济比较落后。但随着民族独立，巴西立足本国国情，针对市场需求，利用本国丰富的资源，使工农业生产迅速发展，巴西成为拉丁美洲经济最发达的国家，巴西经济的迅速发展也带来了很大的环境问题。巴西分布面积广大的热带雨林遭到很大的破坏，引发全世界关注。

在本节课，教师主要把握澳大利亚与巴西的整体知识脉络，通过备、导、思、议、展、评、测、用八环节，进行高效整合，对比与学习两个国家的异同点。充分发挥地图的作用，以图为抓手，提升学生的读图分析能力及读图意识。运用表格进行对比，形象具体地呈现重点知识，并有效引导学生自主探究两国的异同点，锻炼学生的综合分析能力，拓展地理思维。

本节课符合《课程标准》，契合学生实际。深浅适宜，容量适中，重点突出。注重进行两个国家异同点的对比，突出重点、难点，注重复习的时效性。在本节课中，学生进行自主学习与合作探究，教师及时进行引导点拨，并让学生当堂记忆重点知识。教师抽查背诵情况或者让学生默写，帮助学生掌握知识点。

教师运用分区国家地理学习方法思维导图导入新课，让学生具有清晰的思路学习。课堂小结图文结合，回扣主题，精练简明。

教师展示教学目标，提示学习要求。教师巡视观察，适时进行指导点拨。自学之后，教师指导学生以小组为单位进行学习探究，达到资源共享的目的。问题设置具有层次性，引导学生对知识进行梳理，并达到触类旁通的效果。

将高效的课堂八环节教学模式贯穿基础、拔高、迁移运用三个层次的学习过程，并利用表格对比的方式，让学生形象、具体地看到重点知识，帮助学生将知识进行合理的整合、对比、拓展与提升。这样的做法有效地提高了学生的课堂效率，并提高了学生的读图分析能力与综合分析能力和概括能力。

教师教态自然，学生精神饱满，参与学习范围广。教师能够关注每个学生，并有效利用小组合作的方式进行结对、帮扶、互助，有效提高了学生学习的效率，并提高了学生学习的积极性。另外，教师非常注重对学生的正确有效评价，能够通过学生回答问题，进行鼓励与赞许，并引导学生发现问题，使教师发现薄弱点，实现让学生学有所学。

教师对个别课堂环节的处理不太灵活，在时间上把控得不够完美，需要深入备课，预设可能发现的问题，合理分配时间，在有限的时间实现课堂高效，教学相长。

（设计者：明诚学校 韩立银）

七 生物济南版八年级上册《绿色开花植物的一生》复习课教学设计

【教材分析】

"绿色开花植物的一生"是一级课题"生物圈中的绿色植物"下面的二级课题。学生在七年级上册学习了绿色植物的主要类群、绿色植物的三大生理活动、绿色植物在生物圈中的作用以及与人类的关系。在此基础上，学生进一步学习绿色开花植物的生殖和发育，将花、种子、根和芽等器官的结构与植物的生殖发育过程紧密联系在一起，不仅可以了解绿色开花植物生长、发育和繁殖的过程，还可以理解在这一过程中，植物体各器官在形态结构和功能上所发生的变化及影响因素，使学生认同绿色开花植物各部分的结构与功能相适应、生物与环境相适应的生物学观点。

【学情分析】

对于这一部分内容，学生都学习过，并不陌生，作为复习课，调动学生的积极性和帮助他们在脑海中构建知识体系就显得尤为重要，向学生提供丰富的视频和图片等素材，让学生进行自主探究和小组合作交流，通过进行历年中考题的训练，起到强化复习效果的作用。

【课标要求】

概述开花和结果的过程。

【教学目标】

（1）概述花的结构和类型，概述传粉和受精两个重要的生理过程。

（2）描述果实和种子的形成过程。

（3）认识种子的结构，描述种子萌发的条件和过程。

【教学重点、难点】

（1）概述花的结构和类型，概述传粉和受精两个重要的生理过程。

（2）描述实和种子的形成过程。

（3）认识种子的结构，描述种子萌发的条件和过程。

【教学方法】

课堂八环节教学、自主探究、小组合作、观察与对比分析等方法。

【板书设计】

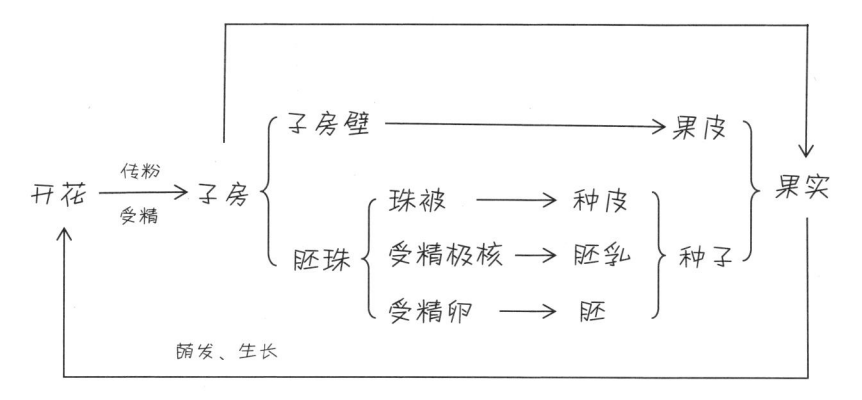

$$
开花 \xrightarrow[受精]{传粉} 子房 \begin{cases} 子房壁 \longrightarrow 果皮 \\ 胚珠 \begin{cases} 珠被 \longrightarrow 种皮 \\ 受精极核 \longrightarrow 胚乳 \\ 受精卵 \longrightarrow 胚 \end{cases} 种子 \end{cases} 果实
$$

（萌发、生长）

【教学设计】

（一）"备"环节

复习第一章第5~7节及第二章知识。

> 设计意图：复习旧知识，为新课做准备。

（二）"导"环节

播放《三生三世十里桃花》视频导入。

教师：同学们，你们看到了什么？

学生：桃花。

教师：桃花是哪种植物类群中的花？

学生：绿色开花植物。

教师：绿色植物开花时的结构你还记得吗？桃花继续发育还会结出果实和种子，果实和种子的形成过程你清楚吗？种子的萌发需要哪些条件？这一节我们就来复习第一章《绿色开花植物的一生》（板书：《绿色开花植物的一生》）。

设计意图：通过导入视频，激发学生的兴趣，导入新课。

展示学习目标，学生齐读。

（过渡）心中有目标，学习有方向，下面请大家自主完成导学案中的【回顾再现】和【深入学习】部分。

（三）"思"环节

学生自主思考导学案中的【回顾再现】和【深入学习】部分。

方法：边填边默记，学生把不会的地方圈出来稍后查阅课本。

时间：9分钟。

纪律：精力集中，争分夺秒！

学生独立思考。

设计意图：提高学生的自主学习能力。

（四）"议"环节

（过渡）一个人的力量是单薄的，合作的力量是巨大的，下面我们进入"议"环节。

对议（3分钟）——【回顾再现】

【要求】：全体起立！小组内1号和4号、2号和3号相互合作。

第一步：我说你记，先讨论对方未填写、不确定的问题。

第二步：我背你听（只背关键词——要快）。

例如：花的主要结构如何？

　　　雌蕊雄蕊组成情况如何？菜豆、玉米种子的结构如何？胚如何？

　　　传粉情况如何？受精过程如何？双受精如何？是有性生殖吗？

　　　……

组议（3分钟）——【深入学习】

【纪律】：严肃提问，认真回答！

对议——<知识点一>传粉？受精过程？双受精？是有性生殖？

学生互相讨论。

> 设计意图：提高学生的合作探究能力，促使学生自主学习，主动学习。

（五）"展"环节

【要求】采用抢答形式。请学生快速起立，并大声说出口令："我展示……""我质疑……""我回答……""我补充……"

1. 桃花的结构

用PPT展示桃花结构图，由学生指认。

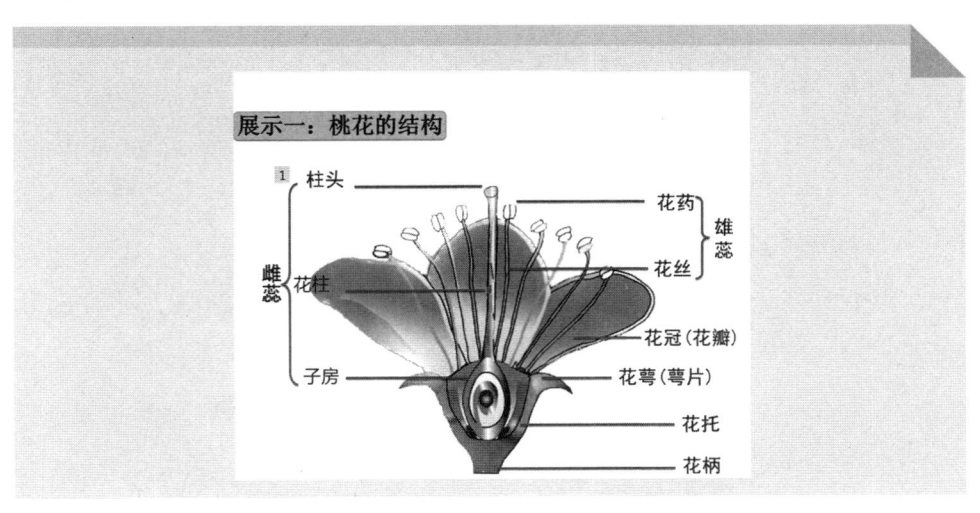

展示一：桃花的结构

2. 花的类型

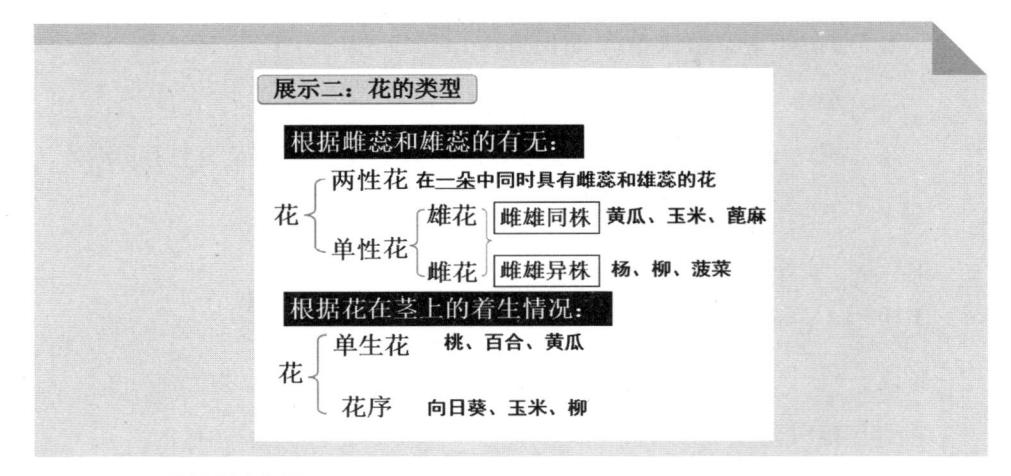

> 展示二：花的类型
>
> 根据雌蕊和雄蕊的有无：
>
> 花 ┬ 两性花 在一朵中同时具有雌蕊和雄蕊的花
> 　　└ 单性花 ┬ 雄花 ┬ 雌雄同株 黄瓜、玉米、蓖麻
> 　　　　　　　└ 雌花 └ 雌雄异株 杨、柳、菠菜
>
> 根据花在茎上的着生情况：
>
> 花 ┬ 单生花　桃、百合、黄瓜
> 　　└ 花序　　向日葵、玉米、柳

3. 双受精的过程

充当配音的小演员演示双受精过程视频动画，对着动画进行解说。

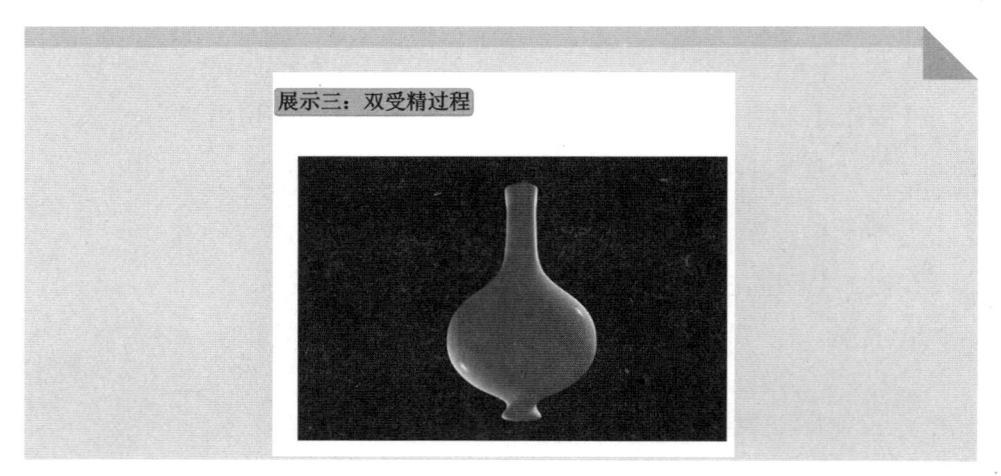

> 展示三：双受精过程

4. 种子的结构

用PPT展示玉米和菜豆种子结构图，学生对图进行指认，并说出异同点。

展示四：种子的结构

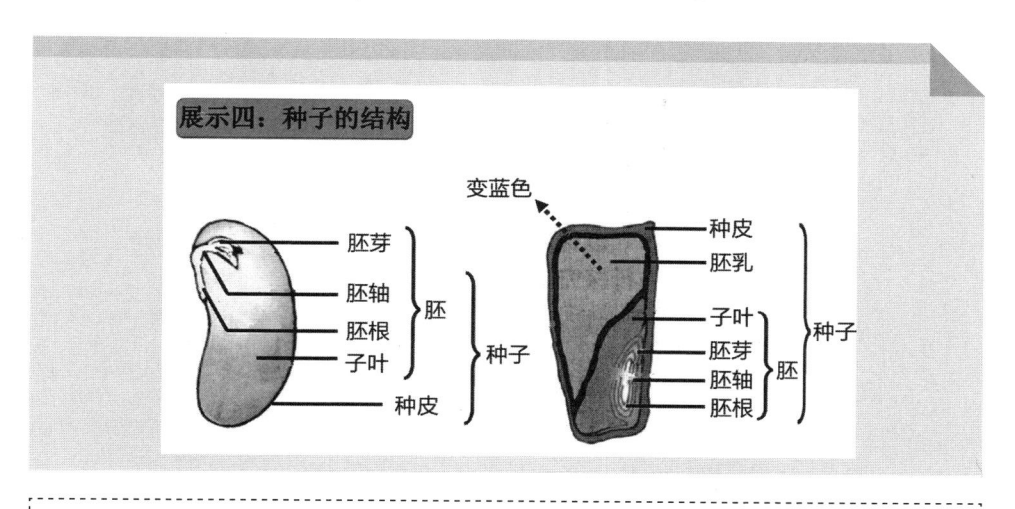

（图：菜豆种子和玉米种子的结构，标注胚芽、胚轴、胚根、子叶（胚）、种皮（种子）；玉米种子标注种皮、胚乳、子叶、胚芽、胚轴、胚根（胚）（种子），变蓝色）

设计意图：提高学生的语言表达能力，结合图片资料，锻炼学生的读图分析能力。

（过渡）看来学生对这部分基础知识掌握得不错，接下来，我们一起总结本章的重点、难点、考点和易错点。

（六）"评"环节

1. 花的结构

对于花来说，它的使命就是结出果实，因此与果实和种子的形成有关的雌蕊、雄蕊就特别重要。

（1）在花中，最重要的结构是花蕊（雌蕊和雄蕊）——与果实和种子的形成有关。

（2）受精完成后，除子房继续膨大发育外，其他部分纷纷凋落。

（3）子房的结构和各部分将来发育成什么？

（4）了解单性花中的雌雄同株植物和雌雄异株植物（易错点）。

链接中考

图是桃花的基本结构示意图。下列叙述正确的是（　　）。

A. 这朵花的主要结构是3和4

B. 6是子房，将来发育成为种子

C. 受精完成后，3、4、5和花瓣会纷纷凋落

D. 1中的花粉落到4上的现象，叫作异花传粉

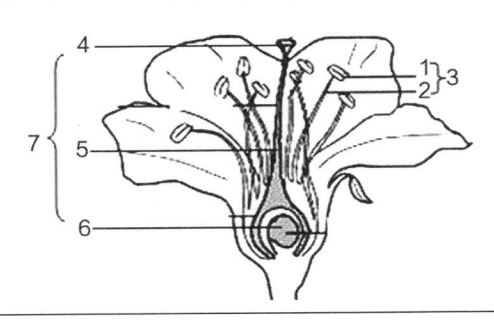

2. 传粉与受精

开花之后要经过传粉和受精两个过程才能结果。

（1）两性花和单性花与自花传粉、异花传粉的关系。

（2）自然传粉不足时的解决措施——人工授粉（注意字的写法：受精和授粉）。

（3）绿色开花植物所特有的生殖现象——双受精。

（4）受精作用发生的部位——胚珠。

（5）卵细胞和中央细胞的位置（易错点）。

链接中考

德州是农业大市，作为全国首个整建制"吨粮市"，2017年，推广玉米大豆间作种植技术，在临邑县德平镇、兴隆镇和禹城市房寺镇的3个家庭农场，种植1000亩示范田，实现产量突破，获农业部、省农业厅[1]专家的一致好评。图一是大豆、玉米种子结构图；图二是玉米、大豆生长图。据图回答下列问题：

---

1 现为农业农村厅。——编者注

图一   图二

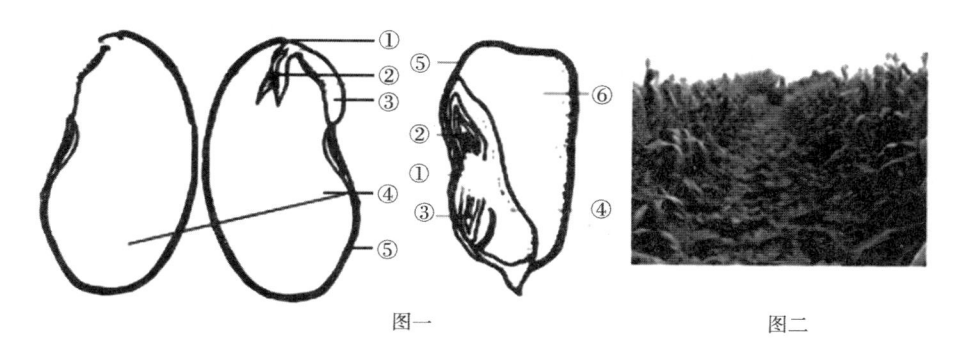

（1）图一中，①②③④合称_____，是新植物的幼体，其中____数量的不同，将二者则分为不同的纲。

（2）玉米是_____植物。采用_____的方法，可以解决玉米缺粒现象，达到增产的目的。

（过渡）传粉和受精之后，子房会发育成果实。

3. 果实和种子的形成

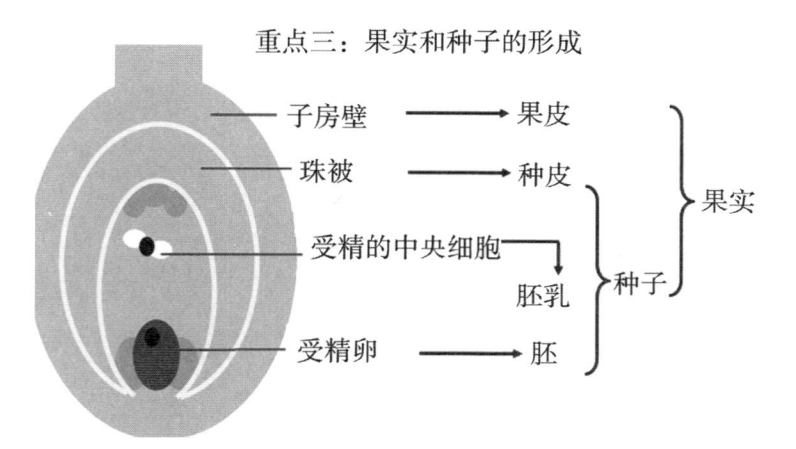

重点三：果实和种子的形成

子房壁 → 果皮
珠被 → 种皮
受精的中央细胞 → 胚乳
受精卵 → 胚

{种皮、胚乳、胚}→种子；{果皮、种子}→果实

总结：果实里有多粒种子，说明子房里有多枚胚珠

链接中考

1.（2018.德州）下列关于花和果实的叙述中，不正确的是（　　）。

A. 人工辅助授粉，可以解决玉米缺粒现象

B. 将未成熟的花套袋处理，能结出果实的花是雌花

C. 一个西瓜含有多粒种子，说明一个子房中有多个胚珠

D. 玉米的种皮和果皮紧密结合在一起，一粒玉米就是一个果实

2.（2019.德州）种子的结构中能发育成新植物幼体的是（　　）。

A. 胚芽　　　B. 胚乳　　　C. 胚　　　D. 种皮

> 设计意图：帮助学生建立知识架构，再构建考点、重点、难点、易错点知识网。

（七）"测"环节

进行当堂检测。

> 设计意图：巩固和检测学生对当堂知识的掌握情况。

（八）"用"环节

（1）请学生在课下根据从本节课中学到的知识，绘制《绿色开花植物的一生》思维导图。

（2）观看《草莓的生长特写》视频。

> 设计意图：将本节知识装进大脑，通过画思维导图，在脑海中构建比较清晰的知识网络。通过观察草莓的生长，真实感知绿色开花植物的生长过程。

【教学资源】

《三生三世十里桃花》片段截取、网络资源《双受精过程》Flash动画，抖音视频延时拍摄《草莓的一生》、历年中考题。

【教学反思】

本节课设计遵循课堂八环节教学模式组织课堂过程。先学后教，以学定教。充分发挥小组合作和学生独立思考、自我展示的能力。对于本节课，教师在课堂教学方法和学生的学习方法上做如下反思。

1. 教师的课堂教学方法

课堂教学是整个教学工作的中心环节，是提高教学质量的关键所在。导课即一堂课的开始，心理学研究表明，精彩而艺术的开课，往往给学生带来新奇亲切的感受，不仅能使学生的大脑皮层的神经细胞迅速由抑制状态转为兴奋状态，而且会让学生把学习当作一种自我需要，自然地进入学习新知识的情境。新课的导入是生物学课堂教学的首要环节，导课激趣激疑，激活学生的"动情点"，激发学生的求知欲望。本节课以《三生三世十里桃花》中的十里桃林视频片段为导入点，以学生熟悉的桃花为载体，引导学生思考桃花的一生，从而导入本节课，激发学生学习的兴趣。

问题是教学的核心，教师把课前精心准备的相关教学内容以思考题的形式展示给学生，并为学生留出足够的时间和空间，让学生看书自学，独立思考，寻求答案。同时，教师做好引导工作，创设轻松、愉快的教学情境，帮助学生消除紧张、压抑、沉闷的情绪。本节课合理运用课堂八环节中的"思""议""展"。教师在课堂上适时将问题抛给学生思考，学生在思考后进行讨论并作答，相互修正，在讨论过程中，教师及时进行启发诱导，既引导学生进行思维发散，又启发学生进行思维聚合，同时称赞学生的大胆见解，并及时指正，在整个过程中，教师要调动课堂的讨论气氛，维持课堂秩序。坚持以学生为主体的教学原则，增强学生的参与意识。这种教学方式能激发学生学习的主动性，防止学生对教师过度依赖，防止养成思维惰性，努力使"重复的复习课"变为积极生动的"再现"。

2. 学生学习方法的培养

（1）指导学生学会思考，学会学习。"授人以鱼不如授人以渔"，在教学过程中要重视对学生学习方法进行指导，培养学生的学习创新能力。学习指导就是要打破传统的死记硬背的学习方法，形成科学的、高效的学习习惯。例如，在本节课中，从始至终都要培养学生的学习方法，对花和果实形成过程采用归纳类比记忆的方法，对传粉和受精过程采用视频演示的方法，以学生解说的方式进行复习，杜绝传统的死记硬背方法，学生在轻松的氛围中不知不觉地掌握了知识。

（2）结合中考试题，梳理考点、重点、难点和易错点，提高学生的复习效率，并结合德州市历年中考试题，在复习中进行习题训练，适时对学生进行点拨，避免学生学习时具有盲目性，让学生知道哪些知识需要重点掌握，进而取得较好的复习效果。

总之，课堂教学是教师与学生的双边活动。要提高课堂教学质量，必须以学生为主体，精心设计，给学生一些机会，让其去体会；给学生一点困难，让其去解决；给学生一个问题，让其去找答案；给学生一种条件，让其去锻炼；给学生一片空间，让其去开拓。注重对学生优秀思维品质的培养，变被动为主动，变学会为会学，这样就一定能达到传授知识、培养学生学习能力的目的，产生事半功倍的效果。

【点评】

本节课是济南版生物八年级上册第一章《绿色开花植物的一生》复习课，整个教学过程按课堂八环节层层展开，实现重点突出，进行难点分解，并及时链接中考试题，进行巩固和查漏补缺，层层推进，这符合学生的认知。比如本节课先让学生自主复习，完成导学案知识梳理，以让学生对所学知识进行回忆，再通过学生展示和教师适时提问，让教师对学生进行点拨指导。接着教师带着学生进行重点、难点、易错点梳理，并及时链接中考试题，然后教师对学生适时进行点拨，最后进行当堂达标检测。

教师对本节课设计满意的地方是：复习课与新授课不一样，教师在复习课中注重对基础知识的梳理，把分散的知识进行归纳整理，使知识条理化、网络化，并能用一条主线贯穿绿色开花植物的一生。

意想不到的收获是：学生对本节课的知识基础的掌握较扎实，课堂参与度、达标率都较高，并且，在课堂上，很多学生在回答问题时条理清晰，表达准确，所以，在反思时，我们低估了学生的能力，或者先入为主地为学生设定了一个框。其实，学生的能力是不断往外发展的射线，在教学中，我们应给这些射线充足的发散空间。

（设计者：明诚学校 朱爱爱）

八 物理人教版八年级《光的反射》教学设计

【教材分析】

本节课的内容选自人教版八年级上册第四章第二节《光的反射》。初中物理中关于光学的主要内容为光的直线传播、光的反射、光的折射。光的反射定律是光学中的重要定律，它是学生学习光的直线传播的延伸，是后面理解平面镜成像的基础，在光学中起到承上启下的作用。本节课由能看到本身不发光的物体引入光的反射现象，然后转入研究光的反射规律，通过实验总结光的反射定律，指出光发生反射时光路是可逆的。随后介绍光的两种反射现象——镜面反射和漫反射，同时说明我们能从不同方向看到物体正是由于漫反射的原因。本节课学习的重点是理解光的反射定律，难点是正确确定入射角、反射角及通过实验总结得出反射规律。

【学情分析】

在知识方面，学生已经学习了光的直线传播，对光源等知识有了一定的了解。在实验技能方面，学生已经掌握了一定的实验操作能力，对这些知识、技能的储备对本节课知识的学习是非常有帮助的。八年级学生正处于形象思维到抽象思维的过渡时期，思维能力、归纳能力普遍不高，需要借助实验现象等直观感受支撑一些归纳结论。八年级学生整体的求知欲和好奇心很强，这有助于进行探究式教学。

【课标要求】

（1）通过实验，探究并了解光的反射定律。

（2）探究光束在平面镜上反射时反射角与入射角的关系。

（3）结合身边的事例和实验现象区分镜面反射、漫反射。

【教学目标】

（1）了解光的反射现象，知道人能看见不发光物体的原因。

（2）通过实验认识光的规律，了解法线、入射角和反射角的含义。

（3）了解镜面反射、漫反射。

（4）通过探究光的反射实验，培养学生严谨的科学态度与协作精神。

【教学重点、难点】

（1）法线、入射角和反射角的含义。

（2）光的反射定律。

（3）区分镜面反射与漫反射。

【教学方法】

实验法、讲解法、讨论法、演示法。

【板书设计】

光的反射现象

光射到物体表面上时，有一部分光会被物体表面反射回来，这种现象叫作光的反射。

光的反射的几个术语：

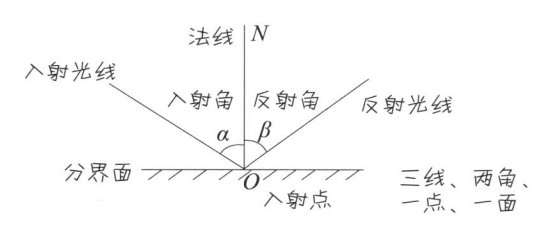

```
           法线 N
入射光线 ＼  │  ／ 反射光线
          ＼│／
       入射角│反射角
         α │ β
    ＿＿＿＿＿＿＿＿＿＿＿＿＿
    分界面    O        三线、两角、
           入射点       一点、一面
```

【教学设计】

（一）"备"环节

学生准备好物理课本、双色笔、导学案、同步练习册。复习与背诵以下知识点。

（1）光源：本身能够发光的物体叫作光源。

（2）光沿直线传播：日食、月食、影子、手影、太阳的光斑。

> 设计意图：为区分光沿直线传播、光的反射做好知识储备。

（二）"导"环节

激光笔发出的光射向黑板，不改变激光笔的位置，如何使亮点跑到天花板上去？

> 设计意图：通过小游戏，让学生观察具体现象，增加学生的体验，激发学生的兴趣。

（三）"思""议""展""评"环节

1."思""议""展""评"环节1

（1）"思"环节1：观察光反射演示实验，用激光笔射向平面镜，让学生观察光线的传播路径,引导学生了解反射现象中的入射光线、反射光线、法线等物理名词,完成对导学案知识点的讲解。然后,让4名学生为一小组,用泡沫塑料板代替平面镜,让两个贴有箭头的竹签代表入射光线和反射光线,制作光的反射模型。

> 设计意图:通过演示实验,学生对反射现象有了更加形象的认识,同时,了解反射现象中的几个名词。

(2)"议"环节1:光在反射时遵循什么规律?请学生根据刚才的演示实验做出猜想。

【设计实验】

教师为学生提供实验器材——平面镜、激光笔、带有量角器的白纸板。请学生思考并设计实验方案。

①探究反射角和入射角的大小关系时需要测量什么?怎样测量?只做一次实验可以吗?

②怎样探究三线是否在同一平面内?

③进行实验,学生根据实验方案进行实验,观察与记录实验现象,收集数据。

实验次数	入射角	反射角	反射光线、入射光线位于法线同侧/异侧
1			
2			
3			

纸板向后弯折时发现:＿＿＿＿＿＿＿＿＿＿＿＿＿＿＿＿

④分析实验现象可以得出哪些结论?

> 设计意图:培养学生主动思考、大胆参与的意识,培养学生动手操作的能力。通过实际实验加深学生对反射定律的理解,培养学生归纳总结的能力。

（3）"展"环节1：分小组展示实验数据，得出实验结论。

设计意图：通过小组展示，培养学生归纳总结的能力。

（4）"评"环节1：光的反射定律。

①（三线共面）反射光线、入射光线和法线在同一平面内。

②（法线居中）反射光线和入射光线分别位于法线两侧（法线是虚线）。

③（两角相等）反射角等于入射角（强调反射角等于入射角）。

设计意图：系统总结光的反射定律，强调易错点，加强学生的理解记忆。

2. "思""议""展""评"环节2

（1）"思"环节2：阅读课本第74~75页内容，让学生独立思考并完成导学案知识点二。

设计意图：培养学生独立学习的能力。

（2）"议"环节2：小组核对答案，在组内进行讲解。

设计意图：通过小组合作培养学生的合作意识和解决实际问题的能力。

（3）"展"环节2：提问学生回答，导学案知识点二涉及的知识点。

设计意图：展示学生对镜面反射、漫反射学习的效果，了解学生对概念理解的情况。

（4）"评"环节2：①镜面反射、漫反射都遵循光的反射定律。

②镜面反射在生活中的应用：电影幕布、看清黑板上的字、玻璃幕墙。

设计意图：结合生活中的实例增强学生对镜面反射和漫反射的理解，并且引导学生将物理知识应用到生活中去。

（4）"测"环节：完成导学案，进行当堂达标检测。

设计意图：检测学生对知识的掌握程度，强调易错点和难点。

（5）"用"环节：让学生根据在课堂上所学的内容，自制潜望镜。

设计意图：让学生学以致用，真正把物理知识应用到生活中去。

【教学资源】

《中学物理实验：自制的烟雾箱》、"鼎尖教案"第148~149页。

【教学反思】

物理教学用书从知识技能、过程与方法、情感态度与价值观三个方面对本节课的教学提出详细的要求。本节课是一节以实验为主的新授课，本节课的重点、难点是对光的反射定律的探究，教师让学生直接用一块小镜子分别将激光笔直射和反射到天花板上，这样可以复习光的直线传播知识，同时很自然地引入新课。为了更好地介绍光的反射及"一点、两角、三线"这些探究光的反射定律的基础知识，在课堂上，学生实验器材的准备和改进让教师花费了一些心思。在实验中，激光灯的光束效果不明显，因此教师进行演示实验时，自制烟雾箱以使学生更好地观察实验现象，形象地体验反射光线、入射光线，并且体会到法线是为了更好地探究反射光线和入射光线而做的一条辅助线，慢慢地让学生不知不觉地进入教学主题。为了加深学生的理解，巩固所学知识，教师让学生找反射角、做出反射光线，设置这些题目可以使学生更好地理解反射的基本概念，以及更好地区分反射角和入射角。接着让学生分小组进行讨论，设计实验方案，进行小组实验。在学生实验的基础上总结光的反射定律。接着得出另外一条规律：光路是可逆的。接着进行小实验，将一束平行光射向镜面，让学生观察实验现象；然后将一束平行光射向凹凸不平的表面，让学生观察实验现象；学生根据观察到的现象进行回答，然后根据学生的回答进行讲评，引导学生总结两种反射的相同点及不同点。在上述探索过程中，学生的观察、思维、想象能力得到了有效的提升，学生在完成探索的过程中，不但能学到知识和探索方法，体验到探索的乐趣，还能认识到探索自然科学规律必须采取认真细致的科学态度。

课堂气氛较活跃，学生能够在学习物理概念后，在课堂的后续学习中猜想、探究、归纳结论时应用这些物理语言。在让学生归纳光的反射定律时，学生不理解教师要问的内容到底是什么，可见，教师在此处设问时还要提炼，让学生更清晰地明白教师的意图，并且善于引导学生，让学生回答问题。在讲解新课后，应让学生加强画光路图的练习，通过练习将课堂内容过渡到镜面反射和漫反射，这既让学生了解光路图的做法，又让学生直观地了解镜面反射和漫反射的特征，并且将镜面反射、漫反射和生活中的应用联系起来。对于黑板反光、玻璃幕墙、擦皮鞋等这些生活中的常见现象，学生都可以进行很好的解释，他们在应用中进一步理解镜面反射和漫反射都遵循光的反射定律。在后面的教学中，教师需要在以下几个方面继续努力。

（1）认真研读教材，根据教学内容结合学情写好教案。

（2）在课堂上注意语言的丰富性，提高课堂的趣味性。

（3）注意合理规划板书，做到详略得当。

完成这次教学活动后，教师深刻体会到教学的真正目的就是让学生通过对知识的探究获得研究思维的方法，然后通过掌握方法以及运用方法探索创造的过程，使学生具有乐于探索自然现象和日常生活中的情况的科学精神。

【点评】

1. 优点

（1）小实验导入有效。本节课采用课堂八环节教学模式，在规定的时间内基本上完成了教学任务，以小实验"找亮点"导入新课，帮助学生感受并理解光的反射这一物理现象。这既生动，又能很好地激发学生强烈的探究欲望，同时为后面的镜面反射和漫反射的介绍做一些铺垫。

（2）自制教具有效。自制"光的反射"演示器——在正方形纸箱上面覆盖透明塑料膜，在盒盖上扎一些孔，在盒内放上点燃的蚊香（营造烟雾，这有利于显示光路）。正方形的烟雾室为学生提供了立体的观察条件，为独特的教学设计和学生的认知建构奠定了很好的基础。为让学生理解漫反射遵循光的反射定律，用三支激光笔"贴"在黑板上形成三束平行光，将镜面不锈钢弯折成凹凸不平的表面，帮助学生清楚地"看"出反射光线不平行，借用手机拍下图片，这有利于学生进行分析。综合而言，自制教具可以取得很好的效果。

（3）难点突破有力。激光笔发出的光射到放在球心位置的平面镜上，光的传播方向发生变化。借助该现象建立光的反射的概念并认识"一点两线"（入射点、入射光线、反射光线）。接着，将激光笔逐渐向上移动，改变入射光线的位置，但始终射向O点，让学生初步感知：入射光线发生改变，反射光线随之改变；一条入射光线对应一条反射光线。垂直镜面入射，反射光线与入射光线重合巧妙引出"法线"。

（4）能力得到培养。光的反射遵循怎样的规律？这是本节课的重点。在观察基础上，让学生大胆猜想，并用"插竹签"方法呈现。将"可转动铁板"的一边拔出，让两边不在同一平面，请学生动手实验：寻找入射光线对应的反射光线。学生经历"找不到"——"向后转动一边铁板，还未找到"——"将铁板向前移动，插入凹槽，看到反射光线"，自然得出"反射光线和入射光线、法线在同一平面""反射光线、入射光线分居法线两侧"的重要结论。因此，在观察的基础上，学生提出问题"光的反射遵循怎样的规律？"在问题的驱动下，小组进行合作探究，教师留给学生足够的思考时间和思维空间，让他们动脑、动口、动手、动眼，循序渐进，培养学生的学习能力，提高学生的智力水平。

（5）合作贯穿始终。在观察的基础上，"议"环节让学生大胆猜想，在问题的驱动下进行小组合作探究。小组学习让学生由被动变为主动，把个人自学、小组交流、全班讨论、教师指点等有机地结合起来。特别是在分组讨论中，学生发挥主体作用，组内成员相互合作，小组之间合作、竞争，激发了学生的学习热情，挖掘了学生的学习潜能，增加了学生的信息量，使学生在互补促进中共同发展。在课堂学习中，教师的角色转换得比较到位，教师充当组织者、引导者、交流的伙伴的角色，使课堂学习在一种民主、平等的氛围中进行，做到了师生、生生互动（动手、操作互动、动情—情感互动、动脑—思维互动），达到了一种师生情感交融、言语共鸣、思维共振的境界。

2. 不足

（1）教具的运用不够充分。半球形透明玻璃罩有效构建了"入射光线发生改变，反射光线随之改变""一条入射光线对应一条反射光线""垂直镜面入射，反射光线沿原路返回"等知识，但并没有能够运用"立体"条件，多角度（前后、左右）改变入射光线，让学生进一步直接感知"反射光线、入射光线和法线始终在同一平面内"，成功突破实验难点，继而借用"可转动铁板"，让学生进一步动手实验，深化认识。

（2）细节处理不到位。本节课的内容较多，教师在不少地方进行讲解时有些"赶进度"，没有放手让全体学生充分参与。例如，在用"插竹签"的方法呈现"反射光线"时，只请学生代表展示；在讲解"漫反射是否遵循光的反射定律"时，虽然用手机及时拍摄出平行光照射到凹凸不平的镜面的不锈钢表面时朝着各个方向射出的照片，但在处理上"脚步匆匆"。

完成这次教学活动后，教师深刻体会到课堂八环节教学模式在实际教学中的运用情况，在后面的教学中，应坚持以学生为主体的教学方法，加强小组合作，培养学生解决问题、处理问题的能力。

（设计者：明诚学校　刘平平）

九　化学人教版九年级下册《化学肥料》教学设计

【教材分析】

本节课的教学内容分两个部分：一是简要介绍化肥的种类和作用；二是对化肥进行简易鉴别，介绍利用物理和化学性质初步鉴别几种常见化肥的方法。一方面，在本节课的引言部分简要说明化肥对农业增产的作用，并以常用的氮肥、磷肥、钾肥为例，进一步具体介绍氮肥、磷肥、钾肥在植物生长过程中所起的重要作用，为化肥的增产作用提供理论和事实例证，同时展现化学的价值。另一方面，讲述使用化肥带来的问题——化肥对环境的污染，同时从环境角度简单提及农业生产中的另一重要化工产品农药的使用情况，从而全面而真实地将人类在化肥、农药使用上所面临的问题呈现给学生，不仅让学生了解已经解决的问题，还让学生了解科学发展中尚待解决的问题。

【学情分析】

学生掌握的化肥知识很少，很多学生只知道提高农作物产量要施化肥，对化肥名称、施用方法、注意事项等都不了解。学生刚学完酸碱盐的知识，来不及消化，又要学习生活中接触较少的化肥，学习起来有一定的难度。

【课标要求】

本节课的内容有：介绍一些常见化肥的名称和作用，进行活动与探究（对常用铵态氮肥进行检验）。本单元可供选择学习的情境素材有根瘤菌固氮、常见氮肥的性质、特点及使用注意事项。

【教学目标】

（1）了解化学元素对植物生长的重要性及常见化学肥料的种类和作用。

（2）了解化肥、农药对环境的影响。

（3）初步掌握化学肥料的简易鉴别方法。

【教学重点、难点】

重点：掌握常见化肥的种类及进行简单鉴别。

难点：培养运用所学知识解决实际问题的能力。

【教学方法】

多媒体展示、分组实验、合作交流、启发引导、联系实际。

【板书设计】

课题2　化学肥料

一、化肥简介　（主要化肥：氮肥、磷肥、钾肥、复合肥）

二、化肥的简易鉴别

1. 物理方法：比较外观、气味和溶解性。

2. 化学方法：加熟石灰、研磨。

三、使用化肥和农药的利与弊

【教学设计】

（一）"备"环节

准备化学课本、导学案、双色笔，听写常见物质的化学式。

> 设计意图：通过书写常见物质的化学式，让学生快速进入化学世界，进入课堂状态。

（二）"导"环节

展示QQ游戏"开心农场"的图片。

教师：同学们，这是一款我们非常熟悉并且曾经非常流行的休闲游戏——QQ游戏"开心农场"。在游戏中，除了要到商店购买种子外，还要播种、浇水，出苗后，在庄稼长势不好时，我们还要到商店购买什么？对，化肥，当然，游戏中的道具，把化肥的功效夸大了很多，现实中的化肥有哪些？它们有怎样的作用？今天我们就一起来学习第11单元吧。

> 设计意图：创设趣味化学情境，激活学生的思维，利用要对庄稼进行施肥，让学生体验到化肥的重要作用，使学生对即将学习的内容产生浓厚的兴趣，激发学生的好奇心和探究欲望。

（三）"思""议""展""评"环节

1. "思""议""展""评"环节1

任务一：化肥的种类和作用

（1）"思""议"环节1：介绍化肥的种类和作用。阅读课本第79~81页的内容，完成学案1、2、3中的思考题。

①农作物所必需的营养元素有哪些？

②经常使用的化肥有哪些？

③化肥的种类和作用？

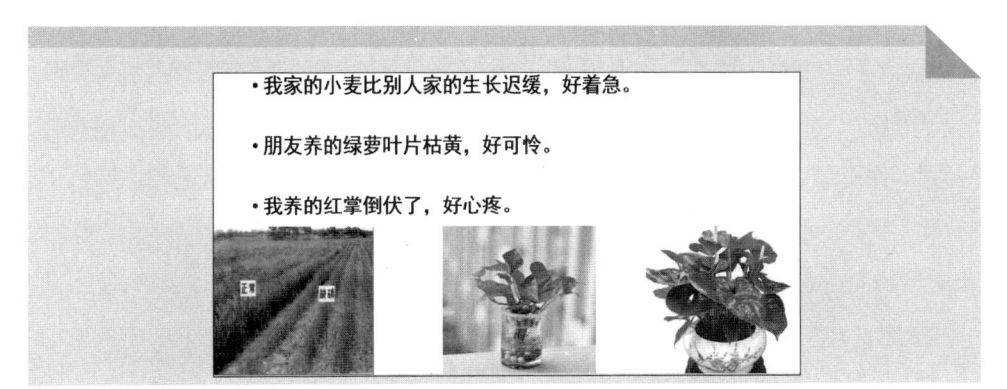

设计意图：对于简单的小问题，可从课本直接找到答案，培养学生自主阅读、筛选相关知识点的能力。

（2）"展""评"环节1：介绍化肥的种类和作用。

设计意图：通过让学生回答锻炼学生的观察能力和书面表达能力，以及通过提取关键字掌握知识的技巧。

完成导学案小题快练1。

设计意图：加强对化肥的区分及对常见化肥成分化学式的书写，通过对真实图片进行观察让学生感知氮肥的作用以及缺氮肥的不良后果。

（过渡）根据刚才的学习，我们知道化肥可以让农作物高产丰收，那怎样才能初步区分常见的氮肥、磷肥、钾肥？

2."思""议""展""评"环节2

任务二：化学肥料的简易鉴别

（1）"思"环节2：阅读课本第82~83页内容，根据对常见化肥的观察，完成学案问题1（比较氮肥、磷肥、钾肥的外观气味和溶解性）。

比较氮肥（碳酸氢铵、氯化铵）、磷肥（磷矿粉、过磷酸钙）和钾肥（硫酸钾、氯化钾）的外观、气味和在水中的溶解性，归纳它们的性质。

	氮肥		磷肥		钾肥	
	碳酸氢铵	氯化铵	磷矿粉	过磷酸钙	硫酸钾	氯化钾
外观						
气味						
溶解性						

设计意图：明晰实验要求及实验目的。

（2）"议"环节2：完成相关内容的分组实验，对实验现象进行记录。

设计意图：通过分组进行实验探究，使学生参与其中，通过小组竞争，激发学生的学习热情和进取意识，培养学生的动手能力，积极参与课堂探究活动。

（3）"展""评"环节2：通过分享各组的实验现象，经过整合得出实验结论。

设计意图：培养学生的合作分享、小组学习的能力。

3. "思""议""展""评"环节3

（1）"思"环节3：阅读课本第82~83页内容，根据对常见化肥的观察，完成学案问题2（在氮肥、钾肥中分别加入熟石灰进行研磨，闻气味）。

取少量下列化肥，分别加入少量熟石灰粉末，进行混合、研磨，能否嗅到气味？

	氮肥		钾肥	
	硫酸铵	氯化铵	硫酸钾	氯化钾
加熟石灰粉末研磨				

设计意图：明晰实验要求及实验目的。

（2）"议"环节3：完成相关内容的分组实验，对实验现象进行记录。

设计意图：培养学生的化学实验基本操作技巧和对实验现象分析的能力。

（3）"展""评"环节3：通过分享各组的实验现象，经过整合得出实验结论。

设计意图：培养学生的合作分享、小组学习能力。

4. "思""议""展""评"环节4

（1）"思""议"环节4：根据上述实验，归纳初步区分氮肥、磷肥、钾肥的步骤和方法。

设计意图：培养学生对实验现象的概括能力和对知识的归纳总结能力，将化肥知识与有关酸碱盐的知识联系起来，巩固已学知识。

（2）"展""评"环节4：介绍化学肥料的简易鉴别方法。

设计意图：将较零碎的知识系统化，帮助学生建立完整的知识框架。

（过渡）化肥对提高农作物产量具有重要作用，那么使用化肥有没有什么负面影响？

5. "思""议""展""评"环节5

任务三：化肥、农药对环境的影响

（1）"思""议"环节5：阅读课本第81~82页化肥、农药对环境的影响相关内容，并思考下面问题。

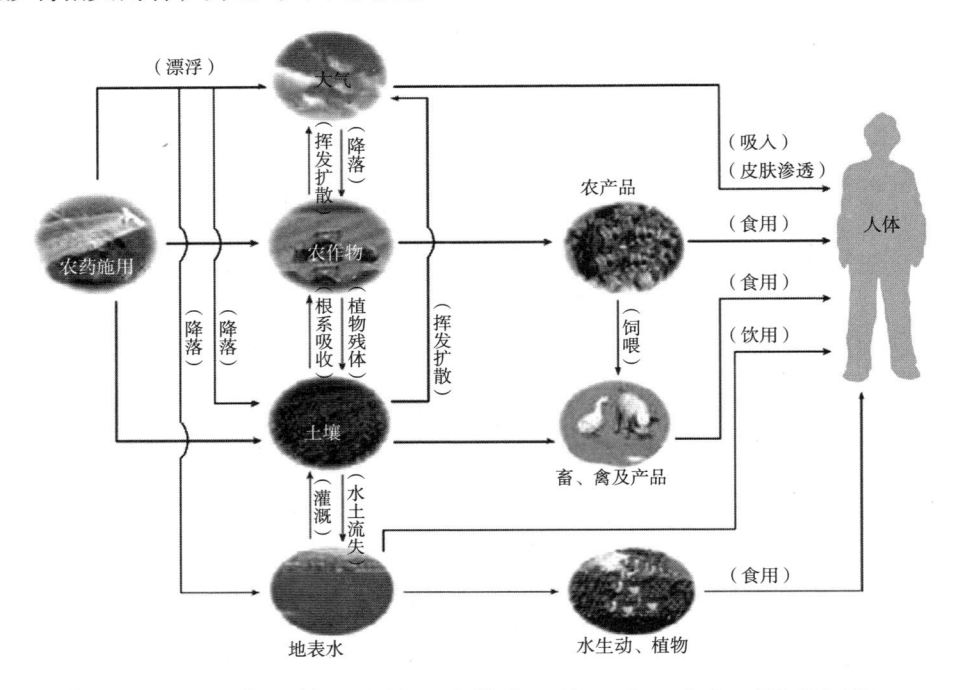

①对化肥的不合理使用为什么会带来土壤、水、大气环境的污染？

②农药是如何从自然界转移到人体内的？

（2）"展""评"环节5：分析使用化肥和农药的负面影响。

> 设计意图：培养学生使用资料得出信息的能力。通过探讨使用化肥和农药的利与弊，使学生认识到任何事物都具有两面性，培养学生的辩证唯物主义思想。

课堂小结

（1）通过今天的学习，你有哪些收获？

（2）针对本节课的学习，你还有哪些疑问？

> 设计意图：让学生自主总结本课的知识要点以使所学知识系统化，加深理解。

（四）"测"环节

完成导学案当堂达标检测。

> 设计意图：检测学生对知识的掌握程度，强调易错点和难点。

（五）"用"环节

尝试分析班级的绿植的生长状态，并提出施肥方案。

【教学资源】

化学肥料的相关实验药品及器材（烧杯、试管、药匙、玻璃棒、研钵、研杵、氯化铵、碳酸氢铵、磷矿粉、过磷酸钙、硫酸钾、氯化钾、水等）、九年级下册课本。

【教学反思】

对九年级下册化学《化学肥料》的教学是我在初中部全员教师常态课讲课中的一节课，回顾和分析本节课的教学设计、课堂教学的整个过程，我觉得有成功的地方也有许多不足之处，现就本节课的得失总结如下。

第十一单元课题二《化学肥料》分为两个部分，第一部分进行化肥简介，简要介绍化肥的种类和作用，这部分内容可以分为两个方面：一方面讲述使用化肥有利的一面，以常用的氮肥、磷肥、钾肥为例，进一步介绍氮肥、磷肥、钾肥在植物生长过程中所起的重要作用，展现化学的价值；另一方面讲述使用化肥带来的问题——化肥对环境的污染，同时从环境角度简单提及农药的使用情况，让学生了解已经解决的问题，同时了解尚待解决的问题。第二部分以活动与探究和资料的形式分别探索和介绍如何区分氮肥、磷肥、钾肥及对不同氮肥进行鉴别。

在介绍化学肥料这个课题时，教师往往容易照本宣科，由于学生对化肥缺乏相关的感性经验，教师走马观花式地介绍，学生的印象不深。但这次我觉得这节课较好地体现了"用教材教"的教学理念，教学内容源于教材而高于教材。

（1）注重双基知识，能够按教学目标完成教学任务。首先，我提出问题，让学生自读课本以归纳知识点，师生共同进行总结，然后进行相应的练习，通过边讲边练达到讲练结合的目的。

（2）推敲精选习题，我所选的试题都是近两年比较典型的题目或者中考真题，使学生能较早地接触中考真题，学生在做题的过程中既扩大了知识面，又增强了信心。

（3）注重知识的形成过程，在教学过程中，我让学生自己读题、自己审题，注重培养学生独立答题的习惯，每道题的答案都由学生说出，并且让学生说出这样做的理由。

（4）运用学案和多媒体课件以增加课堂容量，设计的练习题数量适中，既可以增加课堂的容量，又充分调动了绝大部分学生参与课堂教学的积极性。

（5）注重运用多种教学方法，本节课通过讲授式、分组实验探究式、讲练结合式的教学方法进行师生互动，让学生主动参与到教学过程中，发展学生多方面的能力，体现"从生活走向化学，从化学走向社会"的教学理念。从课堂教学的实践来看，学生学习的积极性比较高，课堂教学目标的达成情况较好。

（6）课前充分准备，让学生了解本节课的内容，这使这样一节大容量的课能顺利进行。

本节课的不足之处如下。第一，缺乏对板书的设计；第二，在回答问题时，给学生留的时间太少，学生在探究题目时还没来得及思考，教师就开始让其解决，这对学习困难的学生来说是不合理的；第三，分组实验的设置稍微不合理，应让每组学生都能接触到每一类化学肥料，而不是将全班分成两大组，改进措施为组内异质实验、班内同质实验，从而使学生在知识掌握上更加全面，更感性地认识不同化学肥料的性质，并能够鉴别。

总之，新的教学理念对教师提出了更高的要求。教师不仅要有渊博的知识，还要有创新的精神。教师不仅要研读新课标，还应该研究教学方法，使教者轻松教，学者容易学。今后，我要转变教学理念，更新教学方法，在工作上能再进一步，努力使教学成绩上一个台阶!

【点评】

本节课按照知识由易到难、由简到繁的顺序进行设计，一共包括三个任务（化肥的种类和作用，化肥的简易鉴别，化肥、农药对环境的影响），具有完整的课堂结构与教学环节，通过学生对三个任务的探究、学习逐步完成教学目标，并能够将相关知识应用于实际生活。本节课的教学设计在课堂八环节的引领下，采取"五步走"战略。

（1）自主学习。对于比较简单的知识采用自主学习的方法，把学生充分调动起来。

（2）提出疑问，引出怎样初步区别氮肥、磷肥、钾肥的问题，并通过分组实验进行解决。

（3）实验探究，按照外观、气味、溶解性初步区分常见的肥料，并且所有实验都让学生动手操作，为减少过多的分组，对课本上的实验分组进行简化。

（4）总结：归纳初步区分氮肥、磷肥、钾肥的步骤和方法。

（5）当堂练习：通过课堂练习，让学生马上就能实现对知识的"过手"，达到加深印象、巩固本节课知识的目的。

从学生比较熟悉的身边事物入手，创设趣味化学情境，激活学生的思维，利用游戏中要对庄稼进行施肥的环节，让学生体验到化肥的重要作用，使学生对即将学习的内容产生浓厚的兴趣，激发学生的好奇心和探究欲望。本节课在教学设计上，需要突出以下四个特点。一是十分注意从学生身边事物出发，紧密联系生产、生活实际，对教学素材进行重新组织，让学生"身临其境"，感受到化学就在身边，学得轻松，将书本知识与实际应用有机结合起来。二是充分体现"自主学习、合作学习、探究学习"的教学新理念，使课堂具有"动感"。通过社会调查、收集样品，实现课外"动"；通过讨论交流、实验探究、展示成果，实现课内"动"，最终实现眼、口、手、脑多种感官"动"，让每个学生都"动"。这就是我们所追求的新理念下的课题教学效果。三是十分注意培养学生关注社会、关注环境、关注生活、关注"三农"的真实情感，培养学生解决实际问题的能力，教育学生如果做一个农民，就要做一个现代化的农民。四是在教学中适当进行法治教育，提高学生对正确使用、销售、生产化肥的重要性，提高学生的法治意识。此外，随着民众生活水平的提高、环境意识的增强，城市居民需要具备一些基本的绿化常识，这少不了要与化肥"打交道"，所以化肥知识应当是每一个公民都需要了解的一种基础知识。

（设计者：明诚学校 黄琳琳）

4 向着梦想前进 第四章

新入职教师在践行课堂八环节教学中快速掌控了课堂，实现成长，树立了自信心，向着梦想奋力前进！

一　绵绵春雨润万物，师心向阳筑成长

韩颖

从小，我仰望着在三尺讲台上辛勤播种知识的老师，憧憬着如果有一天自己也能成为那个群体的一分子该有多好。时光从指尖匆匆溜去，2018年，我从曲阜师范大学毕业后，幸运地成为德城区明诚学校教师团体中的一员，如今，是我从教的第三个年头了。虽然和很多优秀教师比起来，我的教学经验少之又少，但我心中对于教育的这一份初心从未改变。

"随风潜入夜，润物细无声。"这就是我的教育初心。

自2019年开始，学校积极探索"161"课堂八环节教学模式，组织青年教师进行"161"课堂八环节的赛课……所有这些活动对我这样的新手教师起到了关键的引领作用，让我快速适应学校的教学工作，受益匪浅。

2019年12月，我有幸作为初中历史组代表，进行"161"课堂八环节赛课展示，在这次活动中，我的课题是八年级上册《中国工农红军长征》一课，通过对这节课的准备和教授，我对"161"课堂八环节的运用有了更深入的理解和反思，总结如下。

备：课前准备要充分。这不仅体现在教师的备课上，还体现在对课前背诵问题的预设上。好的预设问题会让学生在温故知新的同时，对新授课程有初步的掌握，这样在讲授新知识的时候，就给学生铺设了一个知识背景，学生对于新知识的陌生感就会减少，这有利于新课的有效开展。

导：好的导入是成功的一半。对音乐或者视频的导入要注意在课件上呈现重要段落、重要词句或者设问问题，这样在激发学生兴趣的同时能让学生时刻关注对重要信息的提取，让其带着问题去听音乐、看视频，这样既能让学生注意力集中，又能让学生轻松快速地进入学习状态。

思：巧用大小循环，精思熟思。"思"的问题不在多，而在于是否让学生在课堂中充分预习，初步掌握相关知识，达到精思熟思的效果。"思"环节的运用一定要结合课程内容的难易程度、知识容量，合理考虑是大循环掌握得更好，还是小循环掌握得更佳。

议：设计问题有层次，发挥学生自主思考、小组合作的作用。这就要求教师在上课前精心备课，仔细研磨。如果设问太过简单，则不仅没有议的必要，而且与思重复，浪费时间；如果设问超出学生能力范围，那么"议"的时候学生就会十分迷茫，不知从何议起。所以"议"环节的设计对教师备课的要求很高。

展：因课因题而异，灵活处理"展"环节，不能僵化。"展"环节是展示学生所学情况和教师了解学生掌握程度的关键环节，所以，这一环节要将课堂还给学生，教师要做的就是把这个环节设计得让更多学生愿意回答，乐于回答。比如，利用抢答、小组积分、猜谜、辩论等形式，在激发学生学习主动性的同时，活跃课堂气氛。

评：精讲不多讲，层层递进，培养家国情怀、社会主义核心价值观。"评"的过程是教师精讲的过程，也是本节课主题升华、知识归纳的过程，历史是讲述人的故事，情感的抒发一定要落实。如果"评"的过程只涉及知识的整合，那就失去了历史的核心情感，不能从深处激发学生的内在情感。

测：教师要做到提前做题，精心筛选，题目编排要有层次，链接中考。在"测"的练习题筛选过程中一定要注意难易题目的比例，如果都是简单题，那么学习水平较高的学生会出现"吃不饱"现象；如果都是难题，那么学习水平较低的学生会出现"畏难情绪"，所以，对于"测"的题目，教师一定要提前做，并把握好难易程度。

用：在进行课后的题目训练或实践作业时要精选题目，凸显历史学科的核心素养，不能只是简单地大面积完成。

在《中国工农红军长征》的备课、授课过程中，我深刻体会到历史学科培养学生先辈精神、培育家国情怀的独特魅力，也让我更加坚定了从事教育工作的初心——"随风潜入夜，润物细无声"，教育是一个灵魂去唤醒另一个灵魂的过程，是潜移默化传承精神文化的过程。

"161"课堂八环节让我快速掌握了备课、上课的方法，真正体现了学生的主体地位，提高了自己的教学能力。上班以来至今，我在2019年获得德州市中考阅卷"优秀阅卷老师"称号；在2019—2020学年获得德城区青年教师基本功大赛一等奖；在2020年获得德城区初中历史学科第一届"家史博物馆"活动"优秀指导教师"称号；在2020年获得德城区初中历史学科命题能力大赛二等奖；在2020年执教德城区青年教师重建课《凡尔赛条约》和《九国公约》研讨课；在2018—2019学年获得明诚学校"教学成果一等奖"；在2018—2019学年获得明诚学校"匠心精神奖"；在2019—2020学年获得明诚学校青年教师基本功比赛一等奖；在2019—2020学年获得明诚学校青年教师优质课比赛一等奖。

今后，我会不断磨砺自己，保持教育初心，做一位幸福的"人民教师"。

二　梦在前方，路在脚下

张晓辉

我于2019年进入明诚这个大家庭，起初未想过要突破自己，只想做一只默默无闻的"小羔羊"。然而，进入这个大家庭后，我的教学观念在"161"课堂八环节实践的影响下，潜移默化地改变。

何为"161"课堂八环节？它主要由三大基本框架构成。其中"6"

为基本中心的教学单元，主要包括"导、思、议、展、评、测"环节，两个"1"分别是课前的准备（"备"环节）和课后的巩固练习（"用"环节）。

学校建立以来，不断探索实践，最后结合学校情况，通过各种专家的研究，最后确定了课堂新的教学模式——"161"课堂八环节。

学校作为新成长的力量，存在一定的先天不足。生源方面，学生都是基础相对较差的城乡接合部的孩子，上学省钱又省事，部分家长对孩子不抱多大的希望。师资方面，学校是全市教师平均年龄最小的学校，年仅28岁，虽然这样一批有着蓬勃朝气但是经验缺乏的年轻教师拼尽全力，但是家长埋怨，社会不认可，学生留不住，恶性循环……面临这种情况，我们真是无奈至极，但终于还是下定决心，双管齐下。一方面积极争取上级的支持；另一方面确定了"以提高教育教学质量为中心，以加强教师队伍建设，加强三常规管理，加强校本教研为抓手"的工作思路，努力实现学校愿景"建设高质量的九年一贯制学校"。

之前，我采用"填鸭式"的"满堂灌"方式讲解，从上课开始一直讲到下课，把作业放到课外。学生从上课开始一直听到下课，似乎在看戏、听说书，始终处于压抑、被动的状态，学习积极性调动不起来。而我却有劲使不上，主体作用得不到发挥。

"161"课堂八环节环环相扣，能够调动学生的积极性，让学生参与到教学中。所谓"备"，就是在课前让学生为正式的课堂学习做好准备。所谓"导"，就是在课堂上，让学生按教师提示的教学目标及学前指导，看书、练习。所谓"思"，就是在课堂上，思考教师或者学生所产生的各种问题。所谓"议"，就是针对学生预习中暴露出来的问题及练习中的错误，让教师引导学生讨论。所谓"展"，就是学生在课堂上呈现自己的问题与认知。所谓"评"，就是针对学生无法解决的问题，教师给予高屋建瓴的指导和总结。所谓"测",就是让学生当堂独立完成测试(时间不少于15分钟),进行严格训练,培养学生的学习能力。所谓"用",就是让学生更好地实现从"懂"到"会",从"会"到"用",高效课堂必须通过课后强化练习来保证,它是学生完成学习任务的最后环节。这样就使课堂教学的过程变成学生预习、探索、实践的过程。例如,在作文指导课上,先让学生独立审题立意、选材、编写纲目,同时,教师巡视,发现问题,及时引导学生讨论,教师只做很少的必要的点拨,解决了学生作文中面临的主要倾向性问题,最后让学生独立写作文。在复习课上,采用"备、导、思、议、展、评、测、用"的课堂教学结构,有时一个课时是一个循环,有时几个课时是一个循环。如果复习每一单元,则这样安排:在第一课时,让学生看书,发现问题;在第二课时,让学生综合练习,力求达到本单元的训练要求;在第三课时,引导学生更正训练中的错误,再针对问题当堂进行强化训练。

应让学生参与课堂教学的全过程。但是,其中的每一步都离不开教师的引导,这如同汽车进入高速公路,如果没有引桥,其就上不去;如果没有路标,其就可能走上岔路,教师要当"引桥",当"路标"。

总之,采用"161"课堂八环节组织课堂,传统的"集体授课"变为"个体授课"和"集体授课"相结合,课堂教学过程由过去教师"满堂灌",变为如今在教师指导下学生循序渐进地学习,从而提高了教学质量。这种课堂教学结构为素质教育的实施提供了良好的载体。这种课堂教学模式从根本上减轻了学生的课外负担,让学生全面发展,健康成长。我在这种模式的影响下成长起来,同时更能灵活运用这个模式,有时会在"备、导、思、议、展、评、测、用"的基础上结合不同的实际情况,灵活变动,具体实施。

工作以来,我教授班级的语文成绩名列前茅,曾经获得明诚学校"优秀教师"荣誉称号，获得德城区教师基本功比赛一等奖、说课标研教材比赛二等奖、命题设计大赛二等奖、"初中自读课文微探究教学实践"研究论文一等奖。

我将在这种模式的引导下，继续寻梦，撑一支长篙，向青草更深处漫溯……

三　向着梦想前进

赵洁

我是七年级教师赵洁，自2017年上班以来一直担任初中部英语老师。4年的工作经历使我明白既要让学生得到充分的发展，又要让学生实现充分的发展，教师不仅需要有专业的学科知识和教育教学知识，也需要有教育教学技巧。自2018年我校推进"161"课堂八环节高效模式之后，我认识到该模式对让学生成为课堂主体、实现学生充分发展起到了很大的积极作用。经过几年的摸索和实践，现在，我对该模式有了更清晰的认识，也有了新的感悟。

锻炼学生的自主学习能力，让学生形成积极的学习策略。"161"课堂八环节中的"6"，是指课堂教学中依次进行的六个环节，包括"导""思""议""展""评""测"。"161"课堂八环节中的第一个"1"谓之"备"，这是在课前进行的一个环节，即让学生做好上课的准备；第二个"1"为课后的"用"，主要形式是让学生联系实际进行习题巩固训练，让学生更好地实现从"懂"到"会"，从"会"到"用"。各个环节依次进行，紧扣"以学生为学习主体"中心，把课堂还给学生。在课堂上，学生在教师的指导下，通过体验、实践、参与、探究和合作等方式，发现英语学习的语言规律，逐步掌握语言知识和技能，不断调整学生的情感态度，让学生形成有效的学习策略，发展自主学习能力。在"161"课堂八环节教学中，我有意识地帮助学生形成适合自己的学习策略，并让学生根据学习情况不断调整学习策略。这样不仅有利于学生把握学习的方向，采用科学的途径提高学习效率，而且有助于学生形成自主学习的能力。"161"课堂八环节教学让学生具有良好的学习动机和主动的学习态度，具备良好的学习策略，以进行不断的学习。

建立小组合作机制，学生可以平等地参与学习。在"议"环节，不仅有同桌讨论，还有小组讨论。学生在讨论过程中主动参与，并且有充分的发言和表现自己的机会。学生的进取意识、创造意识和竞争意识都能较好地得到强化。在小组合作学习过程中，共同的学习目标将小组成员的个人利益与小组利益紧紧地联系起来，组内基础较差的学生在讨论过程中"活"了起来。尤其是在小组成员有共同奖惩时，小组成员会更加团结。在英语课堂上，若在"展"环节，让小组中基础较差的学生展示，并且其能够把问题阐述清楚，则小组会得到双倍积分，这样，在小组讨论时，组长就会监督基础较差的学生讲清楚不同的题型。这样的合作学习方式让学生增强了对小组成员的相互了解和对相互依存、相互进步的认识。在传统课堂上，教师一直不敢"放手"，包得太多，管得太死。但在采用"161"课堂八环节模式后，教师把责任下放，逐步实现由"教师做"到"我们一起做"，并为最终"学生自己做"打下坚实的基础。课堂真正是师生互动、生生互动的学习型课堂。

多次精心备课，找准学生的难点和考试的重点。在"评"环节，教师需要找准难点和重点，因此，教师应多次精心备课，这是因为备好课才能上好课。新手教师经常直接思考"怎么教"，事实上，最重要而且通常最难的是确定"教什么"。

一旦忽略"教什么",就必然会走向机械教学,走向死记硬背。确定了"教什么"之后,再确定"怎么教"。在确定"教什么"时,我以课堂教学为中心渗透新课标要求和教材内容。课后,我主动记录"亮点"和"不足",评价值得肯定的地方,找到缺陷,以不断革新。在集体备课时,备课组认真钻研教材,阐明各班的教学情况,既顾全大局,又根据每班的实际情况做出适当的调整,做到清晰、规范、备过程、备方法、备教材、备学生,做到"心中有本""心中有生"。在英语备课的时候,除了进行个人备课、集体备课和复备之外,我们还随时随刻备课,即在备课过程中遇到不确定的知识点、学生的易错点和不同层次学生的难点时会随时讨论、随时记录。除了进行这些常规的备课,在校外学习之后,我们不断进行反思,发现不足,总结校外的优秀做法,并将其运用到实际教学之中。

经过两年的教学实践,我不断进步,在2019年明诚学校教师基本功比赛获得二等奖;在2020年德城区初中英语重建课比赛和初中英语命题大赛分别获得一等奖和二等奖。这些是对我的肯定,让我受益终生。

四 在职业梦想的道路上前进

韩静芦

我叫韩静芦,在2018年9月入职,担任一个班的班主任,教授两个班的语文。在教学之初,作为"非科班"出身的我对于教学是迷茫的,是不知所以然的。后来,在学校带领下,我学习使用"161"课堂八环节模式教学。作为一名新手教师,没有任何经验的我像是抓住了工作中的救命稻草,在课堂上找到了自己的位置和教书的感觉。

作为语文老师的我，一开始其实不太认同"161"课堂八环节模式，总觉得模式太固化，这样的上课模式没有"语文味"，但是经过不断实验和慢慢摸索，我发现，这样的上课模式很符合现在的教育方向——把课堂还给学生，老师进行引导，学生是课堂的主导者。而且，备、导、思、议、展、评、测、用这几个环节并不一定就是一个大循环。对于一节课，其实可以灵活运用，设置几个小循环，再加入朗读环节，一节课可以上得有声有色。

从学生角度看，这样的教学设计可以激发学生的学习兴趣，提高学生的自学能力，让每个学生都能在课堂上找到自己的位置，有课堂归属感。从侧面来说，这对于培养学生的班级意识也很有帮助。

随着对"161"课堂八环节模式的实践，我对教学有了深刻的认识。

首先，在课堂上，教师要摆正位置，明确老师与学生之间的关系。心中要明白"一切为了学生的发展"这个道理。一定要在归纳法实施的过程中突出"学生"二字，尽量为学生的归纳、反思提供时间和机会。因为只有学生对规律、方法进行吸收和内化，才能将其转化为学生的学习能力。教师的归纳即使系统、正确、全面，能让学生倒背如流，毕竟属于"体外循环"，不可能转化为学生的"血肉"，以至于学生常常在新题型、新情境面前"干瞪眼"。

其次，要学会实施"归纳"的方法。学习与归纳是紧密联系的，学生水平的提高又是一个学习与归纳不断反复而又螺旋式推进的过程。一般来说，归纳要放在学习之后，即在"学习实践"基础上进行，这样容易贴近学生的学习实际，当然也可以在学习之前进行，先回顾相关规律、方法，加深学生的印象，然后进入学习实践。但是"回顾"的应当是之前的学习实际，而不是抛开学习实际去空背规律、方法。

最后，要容忍学生在归纳中出现的片面性、表面性问题甚至错误。有的规律、思路、方法对教师来说是简单的、完整的、严密的，但是对学生来说往往是艰深的、破碎的、粗陋的，这是由学生所处的特定学习阶段和特定的学习水平所决定的。正因如此，学生需要不断地、反复地学习、归纳。教师应该根据学生的学习实际，肯定学生的阶段性进步，分阶段、分层次地引领学生逐步形成对规律、方法的正确认识。

在近三年的教学时光里，我有过汗水、泪水，也有过喜悦和幸福，一路走来，留下了成长的印记：2019年3月22日，我荣获德城区明诚学校举办的第一届"书汉字之美，展教师风采"粉笔字书法比赛二等奖；2020年5月，我荣获德城区教学研究室举办的德城区第一期名著阅读优秀成果奖；2020年9月，我被德城区教学研究室评为新冠疫情防控期间线上教学服务先进个人；2020年9月10日，我荣获德城区明诚学校2019—2020学年第二学期期末考试教学成果奖一等奖；2020年12月，我荣获德城区教学研究室"全区初中语文联盟教研活动中执教公开课《湖心亭看雪》效果良好奖"；2020年12月，我荣获德城区教学研究室"2020年全区初中语文原创试题设计大赛二等奖"；2021年5月，我获得共青团德城区委颁发的"'学党史、强信念、跟党走'庆祝中国共产党成立100周年青春诗会比赛'德城区青春诗会'优秀个人荣誉称号。

这些都离不开单位的栽培和学生的包容。今后我将继续践行"161"课堂八环节模式，不断丰富教学素材，为每堂课做好准备，上好每一节课，在职业道路上前进！

五　开启逐梦之旅

刘平平

2018年9月，带着青春的激情，带着稚气未脱的脸庞，带着对美好未来的憧憬，带着对事业的追求，我踏入教师这个行列，成为一名初中物理教师，到现在仍能感受到初登讲台的激动。转眼之间，这已是我成为教师的第三年，作为教学工作小白的我也在慢慢地成长进步。

为了更好地促进我校新入职教师专业成长，我结合校情开始了对"161"课堂八环节教学模式的探究，教师积极讨论"161"课堂八环节的各个环节，在实践中不断完善，我也在反复实践中把控了上课的节奏，掌握了学情。

"161"课堂八环节教学模式包括"备""导""思""议""展""评""测""用"，在课堂上，师生共同将"自主"诠释得淋漓尽致，一方面，教师在导入新课以后会根据导学案给学生布置自学任务，学生按照教师的要求，根据导学案自主学习本节课的内容。另一方面，体现在自主的"思"后的"议"上，进行自主思考后，学生在小组内组织讨论，答疑解惑，在4～6人的小组内，每个学生都有分工，轮流有序发言，各司其职。在"展"环节主要是学生说出小组合作的想法，教师只做简单点评。教师在"评"环节会着重讲解重点、难点、易错点。

刚尝试用"161"课堂八环节模式上课时，我在心里存在担忧，学生是不是可以把大部分问题讨论明白，课堂会不会取得效果，随着在课堂中不断地探索实践，我慢慢地发现担心有点多余了。小组合作的方法使组内成员做好分工，做好导学案。通过采用小组积分的方法，全班学生的积极性有了很大的提高，组里的3号、4号学生在1号、2号学生的带动下勇敢地回答问题，课堂上，我只讲解重点、难点内容，虽然自己讲得少了，课堂效率却提高了。

在公开课《光的反射》一节，我以找亮点这个小游戏导入，让学生根据导学案独立思考实验方案，分组进行实验，处理实验数据，讨论实验结论。在上课的过程中，我看到了一个激情讨论、合作共享的课堂，真切地体会到各环节的魅力。平时很少发言的一个男生勇敢地举起了自己的手，听到他近乎完美的答案，学生热烈鼓掌。看到这样的良好效果，不得不说，基于"161"课堂八环节教学模式设计的课堂是学生的课堂，是学生的天地，它打破了传统课堂中老师"一言堂"的教学模式，在尊重教师在课堂的地位的前提下，充分发挥学生的主观能动性，放手让学生做学习的主人。学生在课堂上可以享受到独立思考的乐趣，可以尽情地展示自己的才华，还可以享受到分享和帮助别人的快乐。此时，不禁让人想到一句话：每个人手里都有一个苹果，放在自己手里永远都是一个；每个人手里都有一个苹果，放在一起就是一堆苹果。

"161"课堂八环节模式对我的备课要求很高，每节课都必须有明确的课堂学习目标，应把教学目标变成扎实具体的学生学习目标，实现由课堂向学堂的转变，一切以学生为中心展开，注重从实际出发，以有效和实效为目标。这要求备课时，先自己备课再集体备课，最后自己修改完善，这一过程使我快速成长：2019—2020学年第一学期，我获得明诚学校青年教师优质二等奖；2019—2020学年第二学期，我获得明诚学校教学成果一等奖；2019年，我获得德州市中小学创客展示活动小学组能力普及赛指导教师一等奖；2020—2021学年，我获得德城区青年教师讲课二等奖。是"161"课堂八环节教学模式引导教育"小白"的我逐渐走向成熟，开启了教师职业的逐梦之旅。在之后的教学工作中，我会不断探索实践，根据学情灵活使用"161"课堂八环节教学模式，避免忽略学情和导致程序化教学现象发生。

六　沿"161"课堂八环节教学模式学习探索之路向着梦想全速前进

王凯雯

　　与"161"课堂八环节相识是在2018年，那时，我还是一个懵懂的刚入职不久的老师，在慢慢地摸索实践中，我越来越感知到在模式框架下自由施展的魅力。初中阶段是小学阶段迈向高中阶段的必经之路，更是重要的衔接阶段。课堂除了要具有趣味性与知识性外，还需要让学生更加高效地获取知识，毕竟初中阶段课程科目增多，简单描述就是那句"时间紧，任务重"。在这样的背景下，"161"课堂八环节帮我很好地解决了这样的矛盾，在让学生高效获取知识的同时没有让初中物理课失去趣味。

　　推行"161"课堂八环节教学，更加强调学生在学习中的主动性和积极性，提升学生的初中物理学习质量和效率，从而提升综合素质和能力。"161"课堂八环节教学将"由教师主导，以学生为主体"的教学理念真正落实到物理教学中，以培养学生独立思考、合作学习、探究学习的能力为目标，这不仅让学生掌握了基本的理论知识，如转变了学生学习物理的方式，而且学生不再是被动接受知识，而是积极主动地探求知识，从而提升了实践能力及学科核心素养。

　　对于初中生而言，学习和模仿能力较强，对新知识的接受能力较快，但是抽象能力和课堂自我约束能力偏弱。作为一门自然学科，物理学科有着较强的抽象性，教师在授课过程中要依据学生的认知能力设计课堂教学内容，因材施教，根据个体学习兴趣展开课堂授课活动。"161"课堂八环节教学正在解决传统初中物理课堂面临的以下教学难题：①教学课时较少；②应试教育导致学生学习兴趣低；③实验教学环节薄弱。

明诚学校积极探索新的教学模式，利用良好的硬件（录播室、实验室等）实施"161"课堂八环节教学，提升课堂授课质量和效率，提升学生的物理核心素养。课堂八环节教学基本由三部分构成，第一部分是"161"课堂八环节中的第一个"1"，是指课堂教学之前的"备"，即对课堂的准备，可以是知识性的准备，也可以是物品的准备，知识性的准备例如复习上一节课的内容，或者课前预习，从而帮助学生衔接上一节课的内容，迅速进入对新课的学习；第二部分是"161"课堂八环节中的"6"，是指课堂教学中依次进行的六个环节，即"导""思""议""展""评""测"六个教学环节，即导入课堂后，通过思考、讨论、展示交流、教师重点点评，在总结当堂所学后进行当堂练习，即学即练，让学生当堂巩固；第三部分是"161"课堂八环节中的第二个"1"，谓之"用"，这是在课后自习中进行的一个教学环节，是为了迁移运用。下面介绍第二部分及第三部分。

　　（1）导——课堂引导，即教师用简单、明了的言语导入本节课的教学内容，带领学生快速进入课堂学习状态，使他们了解本节课的学习目标、重点、难点等。在课堂导入阶段，教师在导学中指明本节课的学习重点、难点、主干知识、预设问题等，值得注意的是，导学问题不宜太深、过难或过广，问题情境要立足班级实际学情和学生心理特点，符合个体的年龄认知。

　　（2）思——自主思考，即学生先认真阅读导学案、教材内容，独立思考，自主学习、自读、深读。在学习过程中，教师要关注学生的课堂学习情况，确保每个学生在学习中都有所收获，以提升课堂教学质量。根据国外研究成果，被动学习如"听讲、阅读"等课堂所学留存率不超过30%，主动学习"思考、讨论"等课堂所学留存率超过50%，因此，"思"环节非常重要。

（3）议——小组合作学习，即教师带领学生找到要探讨的话题，学生以小组形式进行交流、碰撞思维，通过相互提问解决遇到的问题。对于小组合作，要依据"组内异质、组间同质"原则建立讨论小组，各小组人数为4~6人，在讨论前，根据建立的合作制度，通过训练，确保讨论环节真实，有效开展讨论，避免出现混乱的讨论局面。

（4）展——展示成果，即学生在课堂上展示小组讨论的成果，提出在讨论中遇到的问题。在问题展示环节，教师要鼓励学生积极发现和寻找问题，最大限度地暴露学习和讨论中存在的疑问、错误，开展有针对性的教学活动。在展示过程中，由于个体认知和学习能力的不同，每个学生都是平等的个体，教师要提升他们的认知水平，使每个学生从展示中都能有所收获，增强学习的信心和求知欲。

（5）评——师生点评，即教师与其他成员点评与总结内容，教师通过讲解规律、思路和方法等，引导学生整体梳理教材内容以形成物理知识体系。教师要表扬表现优异的小组，鼓励稍差的小组，结合问题进行改进。在"评"环节，教师要注重对思路和方法的讲解，注重结论的正确性，讲解过程要言简意赅，不拖泥带水，节省课堂时间，提升教学效率。学生在本环节要记录本节课的重点和难点，记录解题的思路、方法和重要结论，从而认识到"思""议"环节的错误和不足之处，改变自身错误的观念。

（6）测——检测反馈，即当堂检测学生对教材中知识与方法的掌握情况，检验班级学习效果。在一定程度上，"检"帮助教师了解学生在本节课学习中遇到的问题，帮助他们在学习中巩固和理解重点内容。

（7）用——迁移运用，即课后"限时训练"，帮助学生巩固课堂所学内容，加深对知识的理解和掌握。"用"是把第二部分的六个环节内容和经验付诸实践，把理论知识上升到实践层面，加深对物理知识的理解，培养学生的初中物理核心素养。

在实践中，我总结出以下注意事项：（1）课堂上要给"思""议""展"环节留出充足的时间；（2）教学中要注重言简意赅，不拖泥带水，给学生留出更多的时间进行讨论和展示；（3）要激发学生的学习积极性，发挥个体的学习主体性；（4）强调解题规范性，培养学生具备规范、正确的解题思路；（5）不能替代学生，让他们在"学习收获"环节说出自身的学习感受；（6）把时间放在突破学习重点和难点上，培养他们形成物理核心素养，在日常教学中，教师要引导学生对物理现象进行思考和讨论，加强对实验的教学，提升学生的课堂学习参与性，培养学生的科学探索精神。

"161"课堂八环节教学实施以来，我快速成长，由一名新手教师成长为骨干教师，获得一系列荣誉。就校级荣誉而言，我在2018—2019年度被评为"优秀班主任"；在2019—2020年度第一学期被评为"优秀班主任"；在2019—2020年度第二学期被评为"优秀班主任"；在2020—2021年第一学期被评为明诚学校优秀班主任；在2019—2020学年第一学期青年教师基本功比赛中荣获一等奖；在德城区明诚学校举办的第一届"书汉字之美，展教师风采"粉笔字书法比赛中荣获二等奖；在2018—2019学年第一学期常规工作中获得"匠心精神奖"；在所在年级组获得优秀教学团队奖。就区级荣誉而言，《生活中的透镜》在德城区初中物理优质课中获得一等奖；在2019—2020学年青年教师基本功大赛中获得一等奖；荣获2020年度德城区"学习强国·学习标兵"荣誉称号。就市级荣誉而言，《凸透镜成像的规律》在2019年全市中小学实验教学说课活动中荣获二等奖；我在2018年5月的德州市中小学生创客大赛未来农场竞赛项目中荣获指导老师一等奖；我在2018年12月的德州市中小学生创客邀请赛初中组信息时代竞赛项目中荣获指导老师一等奖；我在2019年的德州市中小学创客展示活动中学组能力普及赛竞赛项目中荣获指导教师一等奖。就省级荣誉而言，《液体的压强》电教课评为市级一等奖并报送省级参与评选；作为第二参与人参与课题"青少年科技实践创客教育实施路径研究"（编号为：18-KJJY-0205）并获得山东省教育学会科技教育专项课题结题证书。就民间组织荣誉而言，我在全国第五届和谐杯中学"七说"说课大赛中荣获特等奖；中学物理学科教学设计《凸透镜成像的规律》在第六届"立教杯"优秀教学设计评选活动中获得二等奖；2019年11月28～30日在河北省衡水市举办的"全国初中管理策略衡水经验现场会"中，我获得培训结业证书。

我会继续尝试，从以下几个方面进行努力。

（1）物理教师应当加强自身综合能力，提升课堂把控能力。

（2）不断完善导学案，丰富课堂教学内容。

（3）灵活运用"161"课堂八环节教学模式，根据每节课的内容适当调整课堂节奏，因材施教，开展教学活动，发挥"161"课堂八环节教学模式的作用。

在教师专业成长的道路上，我将全力以赴，沿着对"161"课堂八环节教学模式的学习探索之路，向着梦想全速前进！

七　"161"课堂八环节教学模式的心得体会

袁睿琳

2017年，我毕业后就来到了德城区明诚学校担任班主任和教授初中英语。作为一名新手老师，我没有太多的教学经验，总担心不能高效利用课堂，影响学生的成绩。后来通过学习"161"课堂八环节教学模式，我深刻地感受到课堂模式可以使复杂的问题简单化，把理念的东西实操化，把实操的东西流程化，以便于新手教师掌握和实际操作。

"161"课堂八环节教学模式由三部分组成。第一部分是课前的"1"，在课前完成准备工作；第二部分是课堂的"6"，包括"导""思""议""展""评""测"6个环节；第三部分是课后的"1"，在课后进行补充练习。"导"：教师以简洁明了的方式导入新知，并实现新知与旧知的连接，引发学生的学习兴趣。"思"：学生按照导学案上设计的问题，自行深入思考，勾画重点、难点，进行分析推理并尝试归纳总结，在这一过程中随时做记录。"议"：学生按照老师出示的问题，以小组为单位进行讨论，讨论的内容要有一定的价值。"展"：学生按照规则上台展示小组集体讨论的成果，在这一过程中，教师鼓励其他组的学生质疑、挑战、纠错、补充、完善。"评"：展示结束后，教师根据学生的实际理解情况和学习情况，对整节课的知识点进行精讲并系统地梳理，让学生明确本节课的重点、难点，形成科学的知识网络。"测"：教师根据当堂所学知识检测学生，以供学生回顾总结。"用"：在课后通过作业、练习、活动等多种多样的形式，让学生灵活运用所学知识，夯实基础知识和基本技能，以达到学以致用的目的。

在"161"课堂八环节教学实践过程中，我渐渐发现，看似大部分时间是在让学生独立思考、以小组形式讨论问题，教师"评"的时间只有十几分钟甚至几分钟，其实是对教师提出了更高的要求。如何在"导"这一环节使用适当的教学策略，让学生在原有知识的基础上对新知识进行有意义的建构，做到精练地建立旧知与新知的联系，激发学生的学习兴趣，让学生主动对新信息进行选择并加工，避免把学生当成单纯的被灌输者；如何在"思"和"议"环节，扮演好引导者和参与者的角色，而不仅仅是观看者；如何在"评"环节进行总结和提升，这些问题都对教师的自身教学水平和素养提出了更高的要求。教师在充分考量学生的语言知识和语言能力的基础上，应多学习教育学、心理学相关知识，充分了解学生的身心发展规律，这样才能对学生进行正确的引导。这符合人本主义提倡的有意义的自由学习观，教师只是学生学习的促进者，其角色应该是"助产士"和"催化剂"，在学生学习中起引导作用。让学生以自己的节奏学习，提倡进行自我鼓励、自我调节的学习，这有助于进行情感教育，进行合作探究学习以及构建开放课堂。

在"161"课堂八环节教学实践过程中，我尝试灵活运用各个环节。"161"课堂八环节教学对各个环节实施的时间有严格的限制，环环相扣。但在实际教学中会有很多生成性问题，比如学生在阅读过程中对一些难度较大的句子不会分析，这会导致出现较大的阅读障碍，需要老师花费时间去讲解，或者讨论时需要的时间较长，这就需要教师结合阅读材料的难易程度和学生掌握语言知识的实际情况，对各个环节的时间和顺序加以调整，灵活使用"161"课堂八环节教学模式，最大限度保证阅读顺利有效进行。除此之外，在"思"和"议"环节做好指导与监督。"思"和"议"环节容易流于形式，有些学生不是在真正地思考与讨论，这就需要教师花费大量精力关注每个学生的状态，尤其是学习困难学生的状态，在其思考有困难时给予及时的启发与引导。在小组讨论时，应该监督每个小组讨论的进度，及时鼓励不敢张口的学生说出自己的答案，保证每个人都参与其中，共享小组讨论成果。

今后，我将积极探索有效的"教"与"学"方式，努力提升课堂效率，以学生为中心，激发学生对英语学习的兴趣，帮助学生提升英语学习能力。研究如何在教学中将语言知识转化为学生的语言运用能力，帮助学生正确理解和表达意义、意图、情感和态度，努力实践指向实现学科核心素养发展的英语学习活动观，实施深度教学方法，落实培养学生英语学科核心素养的目标。

八　"161"课堂八环节教学模式实践收获

张月娇

我于2020年大学毕业后，幸运地进入德州明诚学校，成为一名人民教师，入职后开始按照学校要求，用"161"课堂八环节教学模式备课、上课，践行相关要求，以下是我对"161"课堂八环节教学模式的理解与收获。

"161"课堂八环节教学模式由三部分组成，第一部分是"161"课堂八环节中的第一个"1"，谓之"备"，是在课堂开始前进行的。第二部分是"161"课堂八环节中的"6"，是指课堂教学中设计的六个环节，包括"导""思""议""展""评""测"；第三部分是"161"课堂八环节中的又一个"1"，谓之"用"，这是在课后自习中进行的一个教学环节。备：课前做好对这一节课的充分准备。导：教师用简洁明快的语言实现对旧知向新知的导入，以激发学生对将要学习的知识的好奇心。思：学生按照课堂导学提纲上的路线图读课本，自学深思，勾画圈点，分析归纳，并做好记录。议：学生根据教师出示的讨论题目，按照小组进行讨论（讨论内容为有一定价值的问题）。展：学生按照既定的规则进行展示，教师鼓励学生展示、质疑、挑战、纠错、补充。评：在学生展示结束后，教师开始精讲，对本节知识进行整体梳理，形成知识网络。测：学生对当堂所学知识、方法和规律进行回顾，接受教师的检测。用：通过练习、作业或活动等多种形式让学生灵活运用所学知识，夯实"双基"，最终达到学以致用的目的。

刚开始用"161"课堂八环节教学模式授课时，我还不太适应，但在之后的实践中，我渐渐感受到"161"课堂八环节教学模式的特色。比如颠覆了原有的课堂面貌，之前的课堂教学大部分是学生在听，教师在讲。而采用这种教学模式的课堂的主角从教师转变为学生，让每一个学生都参与到课堂教学中来，充分调动了每一个学生的学习积极性，发挥了学生的主动性，把课堂真正还给了学生。课堂上，学生主动探究、热烈讨论、激情展示，通过深思熟虑，学生真正做到了学得快、记得牢、用得活，大幅提高了课堂效率。这种课堂模式推动了教师观念与教学行为的转变，促进了学生学习品质、学习能力和素质的全面提升，也促进了学校教学质量的快速提高。

在近两年的探索中，英语组不断进行改变创新。比如，在语法课中，之前是老师讲语法，学生在笔记本上做笔记，而现在我们把课堂模式改为学生根据例句以及课文原文先对本节课语法进行自我思考，在思考的过程中激发学生对于语法学习的兴趣，并且使学生对语法的记忆更加深刻。而后小组讨论得出结论以及找到疑惑点。在讨论的过程中，小组成员之间互相讲解，答疑解惑，基础好的同学可以帮助基础较差的同学，对组内不能解决的问题随时记录。这样既充分发挥了小组合作的作用，又增强了班级的凝聚力。"展"环节分为两部分，即自由展以及规定展。老师可以根据具体情况分别进行自由展以及规定展。学生可以根据"I answer""I add""I doubt""I correct"等口令进行语法展示。这几个口令体现了三种精神：自信、合作、创造力。而这三种精神是应试教育下学生最缺乏的东西。"展"环节既让学生掌握了语法，也让教师根据学生的展示情况了解学生的掌握情况以及存在的具体问题。在"评"环节，教师可以根据学生的掌握情况查漏补缺，有针对性地进行讲解。这样就使课堂效率大大提升。学生能"学懂""会学"，最后通过"测"环节对学生的语法进行巩固训练。让学生不仅"会学",而且"会用"。"161"课堂八环节教学模式使旧的课堂秩序被颠覆,强行灌输的状况被彻底改变,学生的学习热情真正被激发出来,这样的课堂使学生学得快、记得牢、效果好。

"161"课堂八环节教学模式给我最大的收获就是教师要快速转变教育观念,解放思想,相信学生的能力,相信学生比教师有更好创新思维。把课堂交给学生,培养学生的能力,使每个学生的个性和特长都能得到发挥,避免学生丰富的创造力和想象力受到遏制。同时,"161"课堂八环节教学模式对教师的备课、讲课、知识储备、业务能力等提出了更高的要求,对教师的专业成长有着非常重要的意义。

入职以来,我获得了2020年度德城区初中英语命题比赛二等奖、2019—2020年度青年教师基本功大赛二等奖、2019年明诚学校青年教师展示课二等奖。我将不断学习专业知识,提升自己的业务能力,更好地把握"161"课堂八环节教学模式,继续在实践中探索创新!

5 逐光而行
——成长的动力

结束语

在甲骨文中，"光"的上面是一蓬火，下面像一个跪坐的人，整体有点像顶着矿灯的矿工，也可以解释为一个侍者顶着火烛给主人照亮，或是形象地解释为火长出四肢，成为一个火精灵，它停驻在哪里，哪里就有光明，无论如何解释，我们都很容易理解：这个字具有"光明"的意思。

"光启万物"，万物向光而生，在没有指南针之前，智慧的航船者就靠北极星的光来辨别方向，光带来方向和指引，在每个人的生命路途中，会不时闪烁那么一束光，带给自己光明与希望，指明前进的路，树立目标，让我们不断逐光而行。这束光或是一个人、一件事、一句话，抑或是一本书，当然也可以是内心的思考，等等。

在我上班之初，"学生的渴求"让我追求职业之光。

我出生在普通工人家庭，虽不富裕，但从小也衣食无忧，然而，1999年大学毕业那年，父亲不幸出车祸，生命垂危，一家人从德州到北京奔波给父亲看病，刚离开校园的我开始操持家务，照顾年幼的弟弟，经受着精神与经济的煎熬，幸运的是那个年代，师范学校毕业的我被分配了工作，我被分配到一所乡村小学，算是能有一些补贴了，离开父母，只身到一个陌生环境中，心中虽有百般不愿，但为了减轻家庭负担，贴补家用，我留了下来。

记得我上的第一节课是人教版语文五年级下册的《白杨》（现代散文作家袁鹰）一课，我孤零零地站在讲台上，看到下边坐着的几十个学生，心怦怦直跳，手脚开始颤抖，本来在课前备好的课全忘了，自己竟不知从何说起，记不得我是怎么熬到下课的。只记得当时课文的一段是："白杨树从来就这么直。哪儿需要它，它就在哪儿很快地生根发芽，长出粗壮的枝干。不管遇到干旱还是洪水，它总是那么直，那么坚强，不软弱，也不动摇。"就这样，我坚强地开始了乡村教师生涯。在与学生相处的日子里，我感受到了价值，课上与学生一起遨游书海，课下学生总是围绕着我，问这儿，问那儿，我就给他们讲他们不知道的轶事，学生对未知的渴望"目光"，为我指明了生活与工作的方向。"教师职业追求之光"在我的眼前点亮，我要做一名老师，把学生带入未知的精彩世界。

乡村的宁静让我不安的心沉了下来，家里的境况逐渐好起来，每当学生放学后，校园就安静下来，这给我创造了绝佳的学习环境，我认真备好所上的每一节课，在课堂上再也不会"六神无主"了。

接下来，屡屡失败带给我学习方向之光。

2000年，校长推荐我参加城区小学语文优质课比赛，初生牛犊的我大胆地接下了任务，经过精心"备课"，多次上课练习，自以为满意，但真的来到比赛现场，我傻眼了，城区的教师都用上了投影仪和电脑教学，而我两手空空，再听了这些教师的课，才知道自己对课程的理解是那么肤浅，教学观念和方法是那么的单一和落后，结果可想而知，我在上课开始后的20多分钟就没东西可讲了，在哆哆嗦嗦中悲惨失败。这次经历让我看到乡村教育的落后和自己的闭塞。

2001年，我调入中学，教语文，本身没什么文学功底，也缺少文采，就这样，我开始蹩脚地摸索着，一天，老校长找到我说："你大学学的历史专业，教历史吧！"在校长的鼓励下，我潜心钻研历史教材，努力上好每一节课。最多时我上8个班的历史课加自习课，一周有24节课，有时还要占课给个别班级补补，这样，上课时间就更多了，长时间连着上课使我的嗓子受伤，我得了咽炎。但我看到所教的班的历史成绩名列前茅时，感到自己的付出是有价值的。正是优异的表现，我被学校多次推荐参加区历史优质课比赛，每次我都精心准备——备课，上课，改课，可每次都和一等奖失之交臂，我已经很努力了，为什么会这样？我很茫然，我要怎么做才能上好一节优质课？

任何事情都有两面性，迷茫与心灰意冷让我浮躁的心安静下来。反思我的历史课堂，只注重知识讲授，提高成绩，偏离教育本质，没从教书育人的角度全面教育我的学生，缺乏历史教育的魅力；没有从历史专业的高度分析史实，缺乏课堂深度。我的课堂长期以来都是"闭门造车"，我没有大量阅读，没有吸取他家之长，缺乏新意和特色。

"失败是痛的，然而若痛便放弃，就失去磨炼的机会，人生轨迹也随之不同，痛为我们提供了成功的基石"，正是屡屡受挫，为我带来了"学习方向之光"，让我从茫然中走了出来，认清了自己，明确了方向。

于是我开始读书：要走出封闭的空间，获得开阔的视野，最佳的捷径就是看书，于是我在网上订购了苏霍姆林斯基、杜威等教育"大师"的著作，与大师相遇。读"大师"之书，有什么感受呢？就是读不懂！新华社高级编辑鹿永健在《一种教育幸福叫与大师相伴》一文中说："与真正的大师相伴，是一种痛苦与幸福交替出现的光景，任何一种幸福都要付出代价，不愿付出与大师相伴的思想痛苦，就只能承受思想平庸的痛苦。""读不懂"，是与大师相见的见面之礼，没有这个见面礼，可能就会与大师失之交臂。开始读不懂，我不放弃，一遍不懂，那就读两遍、三遍，慢慢就读懂了。所有人都是这样。在《牛顿传》中记载着牛顿"购买了笛卡儿的《几何学》来自学，读了两三页之后，碰到问题，读不下去了"，他"便又重新开始，这次读得比前一次多一些，他一次又一次返回重读，直至全部掌握"。

读书是枯燥的，要承受一点寂寞。因为只有读进去，才能体会到苏霍姆林斯基"相信孩子、尊重孩子，用心灵去塑造心灵"的教育真谛，才能感受到雷夫的《56号教室的秘密》里的课堂、教室魅力之大。

我还读了一些专业著作，以填补教育理念和思想的空白。为了紧跟教育前沿思想，把握历史教育趋势，我自费订阅了《中学历史教学参考》《历史教学》等期刊。

广泛阅读丰富了我的知识，完善了我的知识结构。

特级教师闫学老师在《给教师的阅读建议》一书中提出："教师的阅读不只是一种人文情怀，也是一种专业追求与价值重构。"通过阅读可以获得幸福，也获得教养。

听课

听课可以使教师对教学问题和经验进行思考、学习、领会，解决很多教学困惑，获得许多全新发现。

我的身边就有许多优秀老师，于是我不分学科地走进学校优秀教师的课堂去听课学习：化学学科刘红彦老师的课堂目标明确，方法灵活；物理学科赵丽霞老师的课堂严谨高效……

我更是加倍珍惜外出听课的机会，在2011年历史教学能手评选3天的时间里，我被参赛老师深厚的历史教学素养、精湛的课堂教学技艺所折服，这让我大开眼界，内心受到极大震撼。对于19节课，我一节都没落地听了下来，记了满满两本的听课记录。

在不断地听课过程中，我认真细致地观察课堂中教师和学生的活动，认识和反思自己教学的长处和不足，我模仿他们的声音、动作、方法、理念等，将多种观念与策略融入我的大脑之中，然后经过整合、联系、取舍形成自己的想法并实践。

"星光不负赶路人"，在不断地阅读、听课、学习中，我逐渐形成"以问题定导向，以情境促探究，以合作为保障"的涉及激趣、励志、增慧、培能的历史课堂，在2008年被评为德州经济开发区优秀教师；在2012年德州市教师教学基本功评选中获得一等奖；2010年，我发表了第一篇论文《现代历史教学中的因材施教》。

屡屡失败后，我认识到不足，知道了自己的学习方向，通过静心阅读、听课，我储备了教育理论知识、历史教学专业知识、课堂教学实践知识，更重塑了对自己的信心，这段"逐光之行"给了我学习的直接动力和诉求。

此后，我遇到了"贵人"，其给我指引，为我提供了成长的舞台和帮助。

"贵人"的指引——我获得行动信心之光

当具有一定知识储备后，我思考课堂的维度与深度跟以前大不一样了，我的课堂富有亲和力，语言简洁幽默，学生的学习兴趣浓厚，教学环节完整流畅，教学效果良好。2012年，我参加德州市历史优质课评选并获得一等奖。知道成绩后我异常激动，实现了我上班伊始的目标——讲一节好课。这时区教研员说："你表现不错，排名也靠前，想不想到省里去参加比赛？""省里，我都没想过，我一个乡村教师行吗？"我一遍遍底气不足地问自己。区教研员是我的"贵人"，知道我的想法后，打电话鼓励我："不试试怎么知道？我认为你行。""贵人"的鼓励给了我信心。我开始了参加省里比赛的准备，恶补教育理论、专业知识，在网上看省里其他老师的讲课视频。在那段时间，我看什么都痴迷，看到一段广告，我会想能不能将其用到我的课堂上，增加课堂的趣味性，思考这段广告和历史上的哪些史实有联系！当我知道所讲课题后，更是查阅史料，收集材料，彻夜备课！在备课中，区教研员、市教研员在思想上对我进行理论引领，在实际操作策略上给予我指导，让我的课堂有了深度和广度。

"精诚所至，金石为开"。在"贵人"的指导和帮助下，我全力以赴，我所讲授的《匈奴的兴起及与汉朝的和战》获得山东省历史优质课一等奖，没有他们的鼓励和帮助，我不会有行动的信心和决心！

这次的努力成为我发展的一个重要转折点，为我获得更多的锻炼机会，2014年，我参与开发省初中历史学科课例研究，成果被采用，成为"山东省远程研修课例学习资源"；2014年，我被聘为"德州市中小学教师远程研修课程专家"；2015年，我参与初中《暑期学习与生活》的编写，连续多年被聘为"山东省中小学教师远程研修课程专家"；2015年，我被评为德州市教学能手。

从2013年起，在区教研员的带领下，我参与省级课题《激励教育在初中历史课堂中的应用与创新研究》，这让我接触到了课题研究，使我认识到课题研究并不深奥，其可以解决我们一线教师在教学中发现的问题、遇到的困惑，对提高教师自身的素质大有裨益，而且在做课题研究的过程中，通过查阅资料，阅读大量有关教育、教学的著作，有利于形成教学理念，自觉去改进自己的教育手段，有目的地进行反思教学。基于这些学习经历，我在《山东教育》杂志发表了论文《初中历史课堂中教育激励的运用》。

在意识到进行课题研究是教师学习、提升的最好途径，尝到课题研究的甜头后，我就带领学校教研组成员开展课题研究，2014年成功申报省级子课题"翻转课堂与学生学习习惯的养成"。我们一起学习理论，更新观念，解决教学中存在的问题，以教研促教改，逐渐打破原有的教学模式，探索适合农村教学的新型教学方法。2019年，我积极主持市级课题"初中历史学科智力背景的课例研究"。

行走中的思考——带给我事业的奋斗之光

2015年11月，我参加了"山东省第三期齐鲁名师建设工程人选"的评选，各市共推荐齐鲁名师参评人选208人，经过全国80位专家进行网络评审，确定了150名教师人选，4月9—10日，在山东财经大学由54位全国知名专家担任评委进行评选，经过现场说课答辩，依总成绩确定入选人选，选出100人"齐鲁名师培养人"。我幸运地成为其中一员。

这段经历让我对教师职业的理解更加深刻，"教师职业是关系个人发展前途，关系无数家庭幸福，关系国家发展强大，点燃未来的职业！"一种教师的责任感和使命感在我心中涌起。"教师对我而言不仅是一种职业，更是一种事业"，我要为此奋斗！

怎样在教育事业中走得更远？更好地服务学生？在我思考之际，一所高规格、高水平的九年一贯制学校——明诚学校开始组建，我要不要走出去？去吸取学习更多的实践经验？离开工作近20年熟悉的环境，到一个陌生的地方，重新适应，重新开始，对将到中年的我来说真的好难，面对抉择，斟酌再三，对教师职业的追求的初心给了我勇气，2016年9月，我进入明诚学校，成为明诚学校的开拓者。新环境带来新机遇，我开始了实践。

德州明诚学校是一所九年一贯制公立学校，建立一年后就有了50多个教学班，在校生有2500多人，成为德城区南部城区的大规模学校，担负着2500个孩子的健康成长责任，承载着2500个家庭的幸福。学校建立时就确立了"九年牵手幸福一生"的办学宗旨。建校一年后，学生的精神面貌和知识水平虽然有了较大的变化和提升，但离实现办学目标还有较大的距离。九年如何成就一个幸福的未来人？

明诚学校的第一届、第二届校长刘校长和丁校长带领我们全面反思，一方面发现，本学区为城乡接合部，学校的学生主体来自周围五个村的村民家庭，还有的来自其他县里、乡镇从商者在附近小区购买房屋和迁入的外来住户。学校班主任项目组的教师针对学生家庭状况做了问卷调查后，从统计结果来看，学生父母文化水平偏低，70%多的家长的学历是高中以下。大部分家长的工作不固定，以打工为主；有很多离异家庭，父母要么单方带着孩子，要么交给老人看管；部分父母教育孩子的方法简单粗暴，非打即骂，唠叨抱怨；有的孩子被娇惯溺爱，对学习要求低；有的家长没有时间陪伴孩子，孩子中午在"小餐桌"吃饭的多，放学后到校外补习班写作业的多。学生回到家里后，家长对其学习缺少监管，学生的学习主要依靠学校教育。学生复杂的家庭情况决定了他们学习的主动性、自觉性、自律性差，这些学生的学习基础、学习习惯、综合素养相对非常弱。

另一方面，明诚学校初中部共有60名教职员工，其中，面向全国招聘的具有市级以上荣誉称号的优秀教师有13人，从城区各学校抽调来的教师有1人，其余均为面向社会招聘的教师，教师平均年龄为28.2岁，其中近60%是非教育教学和师范类专业教师。年轻教师充满活力，自身素质高，发展潜力大，可是从教育专业角度来看，整体教师队伍的教学经验欠缺，教学和管理经验不足，学校经验丰富的骨干教师较少，骨干教师发挥"传帮带"的作用有限。

对课堂观察发现，在课堂上，学生没有学习兴趣，注意力不集中，多数是课堂上的"观光者"，不会参与其中；上课的部分教师对教材把握不准，沿用"填鸭式"的传统课堂授课方式。如果长期这样，那么双方在情感和认知上的收获会大打折扣，学生的厌学情绪重，新任教师对教师职业会质疑。如此发展，九年后学校会给学生留下什么？

要在哪里找到突破口？课堂是育人的主阵地，教育部前部长陈宝生说，"课堂是教育的主战场，课堂一端连接学生，一端连接着民族的未来，教育改革只有进入课堂的层面，才真正进入深水区，课堂不变，教育就不变，教育不变，学生就不变，课堂是教育发展的核心地带"，改变的突破口在课堂。

转变观念、营造环境、创设情境、有效评价，行走中的思考在实践中展开。在齐鲁名师的培养过程中，我学习了先进的国内外教育思想，接触到教育领域中的各类先进人物，在学校支持下，带领初中部老师在课堂改革上下功夫：在2018年下学期逐渐总结出，以学生学习为主，以教师指导为辅，立足培养学生核心素养的"161"课堂八环节教学模式。"161"课堂八环节教学做到课堂既有规范约束，又有个性张扬，实现了从课堂教学到课堂学习的转型，引领青年教师快速掌控课堂。这距离实现学校办学宗旨更近了一步。

邂逅的境遇——给予我凝练之光

2020年，迎来我生命的第二个馈赠，一对双胞胎女儿出生了，幸福和困难一起如约而至，所处境遇不同，主要任务也就不同，我集中精力带娃，但也不能放弃对事业的追求。然而，时间、精力、体力不足是现实，山东特级教师李志欣校长在《做个自驱型教师》一书中提出，"自己内心的安定是最大的吸引力"，让我在家庭与事业的错杂纷乱中静下心来，梳理了自己的思绪。

20多年的教学工作经历使我匆匆忙忙地"逐光"赶路，未曾停息，虽有"名师"之名，但并无"名师"之实。

余文森教授有这样的观点，"如何从优秀走向卓越，走向真正意义上的名师，从专业角度而言，我认为最基础、最核心、最根本的是要提出、形成并凝练自己的教学主张，这是名师的专业成长点"。

我的教学主张、理念是什么？脑子里模模糊糊，似乎有，但又似乎没有，不清晰。邂逅的境遇让我安定下来，自己的内心变了，周围的世界也变了，不再慌乱，遵循规律运行。假期带娃时，我享受为人父母的乐趣，与孩子一起长大，工作时潜下心来，真诚地做好自己安身立命的事业，工作中没有虚荣、庸俗的事物，生活成为内心和信念的融洽之处，我的专业成长点清晰而明确。

构建自己的教学主张，创立自己的教学法，形成科学和规范的程序，能够供别人学习借鉴，最好也能适用于一所学校，不光要让自己能够上这样的课，走这样的路，而且能够影响与带动其他老师有自己的思想和个性，有自己的知识与做法。

不惑之年的我，知道想要的是什么，做的是什么，努力成为光，照亮自己也能引领别人。

光，一直在给我力量、希望、未来。让我清晰勇敢地走下去。

让我们靠近光、追随光、成为光，朝着光的方向奔赴。

一起共勉！

反侵权盗版声明

电子工业出版社依法对本作品享有专有出版权。任何未经权利人书面许可,复制、销售或通过信息网络传播本作品的行为;歪曲、篡改、剽窃本作品的行为,均违反《中华人民共和国著作权法》,其行为人应承担相应的民事责任和行政责任,构成犯罪的,将被依法追究刑事责任。

为了维护市场秩序,保护权利人的合法权益,我社将依法查处和打击侵权盗版的单位和个人。欢迎社会各界人士积极举报侵权盗版行为,本社将奖励举报有功人员,并保证举报人的信息不被泄露。

举报电话:(010)88254396;(010)88258888
传　　真:(010)88254397
E-mail: dbqq@phei.com.cn
通信地址:北京市万寿路 173 信箱
　　　　　电子工业出版社总编办公室
邮　　编:100036